Wandern auf Kreta
Der Westen

Andreas Schneider

DUMONT aktiv

Inhalt

Wandern im Westen Kretas 6

Gebirge, Schluchten, Hochebenen 10

Ölbaum und Olive 12

Ziegen, Schafe, Käse 14

Kretas Kirchen 16

Ausgangspunkt Chaniá

Tour 1 Alte Klöster, malerische Schlucht – Vom Kloster Gouvernétou zum Katholikon und zum Meer (2 Std.; einfach) 18

Tour 2 An den Hängen der Weißen Berge – Von Therisso nach Meskla (3.15 Std.; mittelschwer) 23

Tour 3 Durch die Díktamos-Schlucht – Von Katochóri nach Stylos (3.30 Std.; mittelschwer) 25

Tour 4 Malerische Dörfer auf Drápano – Von Doulianá über Vámos und Gavalochóri zurück nach Doulianá (3 Std.; einfach) 28

Tour 5 Ins Innere der Drápano-Halbinsel – Von Georgeoúpolis nach Gavalochóri (4 Std.; mittelschwer) 32

Tour 6 Kretas einziger Süßwassersee – Von der Krapis-Ebene zum Kournás-See (4 Std.; mittelschwer) 37

Tour 7 Der alte Verbindungsweg – Von Lákki nach Omalós (5 Std.; anspruchsvoll) 41

Ausgangspunkt Kisámos

Tour 8 Auf der unbewohnten Halbinsel – Rundwanderung von Rodopós zur Kirche Ágios Ioánnis Giónis (5 Std.; anspruchsvoll) 44

Tour 9 Durch den Erdbeerbaum-Wald – Von Sásalos nach Aligí (2.30 Std.; mittelschwer) 48

Tour 10 Höhle, Schluchten, Dörfer – Von Koutsomatádos durch die Topólia-Schlucht nach Mourí (5.15 Std.; anspruchsvoll) 52

Tour 11 Zum verwunschenen Dorf – Rundwanderung von Miliá nach Tsourouniana (2.30 Std.; mittelschwer) 56

Tour 12 Durch die Tsichliana-Schlucht – Von Sirikári nach Polyrrinía (3.30 Std.; mittelschwer) 60

Ausgangspunkte Paleochóra und Soúgia

Tour 13 Wilde Küste, weiter Strand – Vom Kap Krios nach Elafonísi (3 .30 Std.; mittelschwer) 63

Tour 14 Zu den Felskammergräbern – Von Kontokinígi zur Küste bei Paleochóra (2.30 Std.; mittelschwer) 66

Tour 15 Zur Höhle der 99 Väter – Von Kálamos über Spaniákos nach Azogirés (3.30 Std.; mittelschwer) 69

Tour 16 Zwei reizvolle Bergdörfer – Von Paleochóra nach Ánidri und Azogirés (3.30 Std.; mittelschwer) 73

Tour 17 Auf den Spuren der Antike – Von Paleochóra nach Soúgia (5 Std.; mittelschwer) 78

Tour 18 Agía-Iríni-Schlucht – Von Epanochóri nach Soúgia (4.15 Std.; einfach) 82

Tour 19 Höhentour ins Partisanendorf – Vom Rande der Omalós-Hochebene nach Koustogérako (4.30 Std.; anspruchsvoll) 86

Tour 20 Klippen der Südküste – Rundwanderung von Soúgia nach Koustogérako (5 Std.; anspruchsvoll) 91

Gávdos

Tour 21 Zum südlichsten Ende Europas – Insel Gávdos: Rundwanderung von Kórfos zum Kap Tripití (4 Std.; mittelschwer) 94

Im Herzen der Weißen Berge

Tour 22 Gipfeltour I – Von der Omalós-Ebene auf den Gíngilos (5 Std.; anspruchsvoll) 97

Tour 23 Gipfeltour II – Von der Omalós-Ebene über die Kallérgi-Hütte auf den Melidaoú (7.30 Std.; anspruchsvoll) 100

Tour 24 Nationalpark Samariá-Schlucht – Von Xilóskalo nach Agía Rouméli (5 Std.; mittelschwer) 104

Ausgangspunkte Chóra Sfakíon und Loutró

Tour 25 Entlang der Südküste – Von Loutró nach Agía Rouméli (5 Std.; mittelschwer) 109

Tour 26 Tiefe Schlucht und steiler Hang – Rundwanderung von Loutró nach Arádena und Livanianá (6 Std.; anspruchsvoll) 114

Tour 27 Im Herzen der Sfakia – Von Anópolis über Loutró nach Chóra Sfakíon (4 Std.; mittelschwer) 118

Tour 28 Die Imbrós-Schlucht –
Von Imbrós nach Komitádes
(2.30 Std.; einfach) 122

Tour 29 Nektários- und Kallikrátes-Schlucht – Von Ágios Nektários über Ásfendos und Kallikrátes nach Patsianós (7.30 Std.; anspruchsvoll) 124

Ausgangspunkt Réthimno

Tour 30 Ins Dorf der Quellen –
Von Argyroúpoli nach Káto Póros
(3 Std.; mittelschwer) 128

Tour 31 Zum Palmenstrand an der Lagune – Von Giannioú zum Kloster und zum Strand von Préveli
(3.30 Std.; mittelschwer) 131

Tour 32 Das Tal der Mühlen –
Von Xirochorio nach Chromonastíri
(3 Std.; einfach) 134

Tour 33 Schlucht und Höhle des hl. Antónios –
Von Patsós durch die Tsirita-Schlucht
(2 Std.; einfach) 138

Tour 34 An den Hängen des Kedrosmassivs – Von Áno Meros auf die Tripití-Hochebene und zurück
(4 Std.; mittelschwer) 140

Tour 35 Liebliche Landschaft am Kloster –
Von Arkádi nach Pikrís, Kapsaliana und Amnátos
(2.15 Std.; einfach) 144

Wichtige Buslinien im Westen Kretas 148

Glossar 149

Register 150

Abbildungsnachweis/Impressum 156

Wandern im Westen Kretas

Wandersaison

Auf Kreta kann man das ganze Jahr über Wanderungen unternehmen. Je nach Jahreszeit sollte man jedoch Prioritäten setzen: Die Samariá-Schlucht und viele andere Schluchten sind erst ab Anfang Mai passierbar, die Weißen Berge sind in ihren höchsten Regionen von Mitte Oktober bis Ende Mai mit Schnee bedeckt. In den Wintermonaten sollte man die Südküste bevorzugen. Im Juli und August kann es, besonders an der Südküste, sehr heiß werden. Wer dann hier wandern möchte, sollte immer schon in aller Frühe aufbrechen. Die idealen Wandermonate sind April bis Juni und September bis Oktober.

Anspruch

In der Rubrik »Die Wanderung in Kürze« wird jeweils darauf hingewiesen, ob es sich um eine einfache (+), eine mittelschwere (++) oder eine anspruchsvolle (+++) Tour handelt. Alle Wanderungen sind Tages- oder Halbtagstouren.

Gehzeiten

Alle aufgeführten Zeiten verstehen sich als reine Gehzeiten. Rechnen Sie bei der Planung einer Tour sicherheitshalber noch etwa ein Viertel der Zeit hinzu, um Pausen oder ein mögliches Verlaufen zu berücksichtigen. Auch ein Wettersturz, abgerutschte Wege oder angeschwollene Schluchtbäche können die Wanderzeit erheblich verlängern.

Wege und Markierungen

Eine besondere Attraktion Kretas sind natursteingepflasterte Maultierwege, Teile der alten Verbindungswege von Dorf zu Dorf. Diese *kalderimia* sind gerade so breit, dass zwei beladene Maultiere einander begegnen können. Schmaler sind die meist steinigen und unebenen Fußpfade, die *monopatia,* noch schmaler die Ziegenpfade durch das

Gestrüpp der Berghänge, die für Wanderer manchmal problematisch zu gehen sind. Außerdem eignen sich viele nichtasphaltierte Straßen als Wanderwege, die *chomatodromoi*. Sie verbinden Ortschaften oder führen als Wirtschaftswege auf die Felder. Stark begangene Wege sind gut markiert und ausgeschildert, weniger bekannte Wege sind dagegen spärlich oder gar nicht markiert. Allerdings werden immer mehr alte Verbindungswege von Überwucherungen befreit, ausgeschildert und zum Teil als Naturlehrpfade angelegt. Gelb-schwarz markiert und mit einem gelben, auf die Spitze gestellten Viereck mit schwarzer Umrandung ausgeschildert ist der Europawanderweg 4, der Kreta von West nach Ost mit vielen Alternativrouten durchquert.

Auf Kreta versperren immer wieder Drahtzäune den Wanderweg. Die Zäune sollen verhindern, dass Ziegen und Schafe ihre Weidegründe ungewollt verlassen. Sie haben in der Regel improvisiert konstruierte Pforten, die nach dem Durchschreiten wieder sorgfältig verschlossen werden müssen.

Ausrüstung

Feste, knöchelhohe Wanderstiefel mit Profilsohle sind wegen des steinigen Untergrunds unbedingt erforderlich. Wanderstöcke entlasten die Gelenke. Von November bis einschl. April sollte guter Regenschutz vorhanden sein. Verbandszeug, Sonnenschutz sowie ausreichend Wasser gehören zur Ausrüstung jeder Tour.

Wanderkarten

Die Genauigkeit der Kretakarten lässt zu wünschen übrig, detaillierte Wanderkarten sind nicht erhältlich. Am besten ist die Karte des deutschen Harms-Verlags im Maßstab 1:100 000, die es je für West- und Ostkreta gibt. Brauchbar sind auch die Kreta-Karten der Edition Petrakis, die man auf Kreta kaufen kann. Erhältlich ist im Maßstab 1:100 000 eine Karte für den Bezirk Chaniá, eine für den Bezirk Réthimno und zwei weitere für Ostkreta. In beiden Kartenwerken sind der Europawanderweg 4 und andere begehbare Wege rot eingezeichnet. Vorsicht: Ebenfalls eingezeichnet, weil aus älteren Kartenwerken übernommen, sind unzählige alte Pfade, die heute nicht zu begehen sind.

Busverbindungen

Die Überlandbusse der kretischen Busgenossenschaft Ktel verbinden fast alle Dörfer mit den Städten an der Nordküste. Sonntags und während der Schulferien und allgemein im Winter ist der Verkehr eingeschränkt. Die Busstationen in Chaniá und Réthimno verteilen Handzettel mit den Fahrplänen, in Kisámos sind die Abfahrten nur auf einer Tafel angezeigt. Fahrpläne im Internet finden sich unter: www.ktel.org.

Telefonnummern der Busstationen:
Ktel Chaniá: Tel. 28210/93257
Ktel Réthimno: Tel. 28310/22212

Nur wenige Dörfer werden mehr als zwei Mal täglich angefahren (s. Anhang). In der Regel verlässt der Bus morgens gegen 6 Uhr leer oder fast leer Chaniá, Réthimno oder Kisámos und bringt die Dorfbewohner in die Stadt. Gegen 14 Uhr werden die Stadtbesucher dann wieder zurückgefahren. Wanderer können also die leeren Busse frühmorgens und am frühen Nachmittag für die An- und Abfahrt zu den Wanderwegen nutzen. Doch Vorsicht: Manchmal kehren Busse nachmittags nicht zurück in die Stadt, weil der Fahrer auf dem Lande lebt. Und manchmal fahren Busse morgens nicht ab der Busstation los, sondern von der Wohnung des Fahrers. Busbenutzer sollten sich also unbedingt am Vortag an der Busstation schlau machen.

Taxis

Bei vielen Streckenwanderungen sind An- oder Abfahrten mit dem Taxi empfehlenswert, zumal griechische Taxis weit preiswerter sind als deutsche. Wenn sich mehrere Personen eins teilen, ist ein Taxi nicht viel teurer als die Busfahrt. Bei Überlandfahrten muss die Rückfahrt immer mitbezahlt werden. Man rechne pro km ca. 0,60 EUR. Die Taxis in den Städten haben einen Taxameter, die Dorftaxis mit der Aufschrift »Agoraion« nicht. Preislich liegen beide gleich.
Taxistände in Chaniá: Es gibt zwei große im Zentrum: Einer an der Markthalle am Beginn der Tzanakaki-Straße, der andere auf der Platia 1866 unweit der Busstation.
Funktaxi in Chaniá: Tel. 28210/98700
Taxistände in Réthimno: Einer vor der Kathedrale der Vier Märtyrer, der andere auf der Platia Iroon in Strandnähe.
Funktaxi in Réthimno: Tel. 28310/25000

Bergsteigerverband EOS

Die Sektionen des EOS in Chaniá und Réthimno organisieren regelmäßig (im Sommer 1–2 Mal im Monat) Wanderungen, bei denen auch Nicht-Mitglieder willkommen sind. Außerdem geben sie gerne Auskünfte zu allen Routen.

EOS Chaniá, Tzanakaki 90 (Kellerbüro gegenüber dem Stadtpark), Tel. 28210/44647, Fax 54903, nur abends ca. 21–23 Uhr geöffnet. www.eoshanion.gr
EOS Réthimno, Moatsou (bei der Post), Tel. 28310/22710 oder 23666 (Apotheke Spandidakis)

Berghütten

Für Wanderer, die Hüttenübernachtungen in ihre Tourplanung einbeziehen möchten, gibt es in den Weißen Bergen eine bewirtschaftete und drei unbewirtschaftete Hütten:
Kallérgi-Hütte in atemberaubender Lage am Rande der Samariá-Schlucht. Jugendherbergsartige Bewirtschaftung. Zur Zeit ganzjährig geöffnet (s. Wanderung 23).
60 Betten, in der Hochsaison im Sommer telefonisch reservieren: 28210/33199.
Folgende Hütten werden vom Griechischen Bergsteigerverband, Sektion Chaniá, verwaltet:
Volikas-Hütte an der Nordseite der Weißen Berge oberhalb von Kámbi. Vorhanden sind Gasherd, Heizmöglichkeit und Erste-Hilfe-Material.
Katsiveli-Hütte, »Basis-Lager« für die Besteigung des höchsten Gipfels der Weißen Berge, Pachnes.
Niatos-Hütte, oberhalb der Askifou-Ebene, für die West-Ost-Durchquerung der Weißen Berge von der Omalós-Ebene über Kallérgi und Katsiveli zur Askifou-Hochebene.

Notfälle

Es gibt auf Kreta keine offizielle Bergwacht. Jeder Wanderer ist nach Auffassung der Einheimischen zunächst einmal selbst verantwortlich für das, was er tut. Dennoch wird man in Notfällen auf große Hilfsbereitschaft stoßen. Man rechne jedoch damit, dass zum Beispiel ein Transport auf einem Esel zum Privatauto des Helfers und weiter zur nächsten Ambulanz bezahlt werden muss.

Vorsichtsmaßnahmen: Möglichst nicht alleine gehen. Alleinwanderer sollten sich bewusst machen, dass auf manchen Strecken tagelang niemand vorbeikommen kann. Deshalb sollte man unbedingt genügend Wasser, eine Trillerpfeife, eine Taschenlampe und ggf. ein Handy mitnehmen. Telefonnummern Polizei: 100, Erste Hilfe: 166, Forstamt: 28210/92287. In Tälern bekommen Mobiltelefone allerdings in der Regel kein Netz. Man muss dann in freieres Gelände aufsteigen. In der Nähe der Omalós-Ebene notiere man sich neben den Nummern der Polizei und der Ersten Hilfe die Nummer der Kallérgi-Hütte: 28210/33199. Der Besitzer wird einem weiterhelfen.

Eine weitere Vorsichtsmaßnahme bei schwierigen Touren ist, vor Aufbruch im Hotel oder in der Taverne Bescheid zu geben, wann man ungefähr zurückzukehren gedenkt.

Weitere Informationen

Internet-Informationen: Am besten mit Hilfe einer Suchmaschine wie www.google.de: Stichworte wie »walking Crete«, »White Mountains« oder »Kallérgi Crete« eingeben.

Bücher:

Loraine Wilson, The White Mountains, Cicerone Guide, 1. Aufl. 2000, auf Kreta zu kaufen. Dieses Buch enthält v. a. die Beschreibung der »großen« Touren durch die Weißen Berge, die mind. zwei Tage dauern.

Rolf Goetz, Aktiv Ostkreta, DuMont Reiseverlag, Ostfildern.

Wichtige Adressen für Wanderer:

The Happy Walker, Tobazi 56, 74100 Réthimno, Tel./Fax 28310/52920, veranstaltet Tagestouren auf bisher nicht veröffentlichten Wegen. Im Angebot sind ca. 7 Touren.

Bergsportausrüstung Karistigiannis, Ecke Skalidi/Koronidou, ein Block westlich der Platia 1866 in der Nähe der Busstation. Inhaber Christos ist Mitglied des griechischen Bergsteigerverbandes.

SYMBOLE IN DEN KARTEN

- Gasthaus, Berghütte (bewirtschaftet)
- Schutzhütte, Unterstand (unbewirtschaftet)
- Kirche
- Kapelle
- Kloster
- Burg, Schloss
- Burgruine
- Archäologische Stätte
- Denkmal, Monument
- Mühle
- Wegkreuz, Marterl
- Rastplatz
- Höhle
- Quelle
- Hervorragender Nadelbaum
- Hervorragender Laubbaum
- Schiffsanlegestelle
- Sendemast

Gebirge, Schluchten, Hochebenen

Kreta gehört zu den Karstgebieten des Dinarisch-Taurischen Gebirgsbogens, der sich über die Balkanhalbinsel und den südägäischen Inselbogen bis in das Taurusgebirge der Südtürkei zieht. Die Insel besteht aus vier Gebirgsmassiven und den küstenparallelen Asteroussia-Bergen. Die beiden westlichen Massive sind die höchsten. Pachnes, der Gipfel der Weißen Berge, ereicht 2452 m Höhe; Psiloritis, der höchste Berg des Ida-Massivs, ist nur 4 m höher, 2456 m. Nach Osten hin wird Kreta niedriger, das Dikti-Massiv erreicht 2148 m und die Berge von Sitia 1476 m. Verbindet man gedanklich die Gipfel der vier Gebirge, so erhält man eine Linie, die südlich der Ost-West-Achse Kretas verläuft. Nach Süden stürzen die Berge steil ins Meer, zur Nordküste hin laufen sie flach aus. Die größten Städte Kretas und die wichtigsten Wirtschaftszentren befinden sich denn auch an der Nordküste. Sie sind durch eine Schnellstraße miteinander verbunden. Im Süden dagegen ist zwischen Chóra Sfakíon und Paleochóra kein Platz für eine Küstenstraße.

Hier im Süden reicht das Gefälle unter der Meeresfläche weiter bis in die tiefsten Tiefen des Mittelmeeres. Der Tiefseegraben, der sich von den Ionischen Inseln an der kretischen Südküste vorbei über Karpathos und Rhodos nach Kleinasien zieht, erreicht bei Pylos die tiefste Stelle des Mittelmeeres und südlich von Kreta, im »Hellenischen Trog«, noch fast 5000 m. Dieser Tiefseegraben liegt unmittelbar auf einer Bruchstelle der Kontinente. Hier kollidiert die eurasische mit der afrikanischen Kontinentalplatte, wobei sich die afrikanische Platte langsam unter die eurasische schiebt.

Die Folge dieser Kollison war die Auffaltung Kretas aus dem Tethys-

Meer, das sich vor 200 Mio. Jahren zwischen den Kontinenten ausbreitete. Am Boden dieses Urmeeres hatten sich im Verlaufe von Jahrmillionen Ablagerungen organischer Stoffe wie Muscheln und Schnecken aufgehäuft. Diese Kalksedimente bilden heute die Gebirgsstöcke Kretas.

Die Auffaltung Kretas begann in der Kreidezeit (vor 100 Mio. Jahren) und dauerte bis ins Quartär (vor 1 Mio. Jahren), als Kreta in etwa seinen jetzigen Umriss bekam. Bis heute ist jedoch die Insel nicht zur Ruhe gekommen. Die labile Lage an der Bruchstelle der Kontinente führte zu zahlreichen Erdbeben. Die letzten erschütterten in den Jahren 1856, 1926 und 1970 die Stadt Iráklio. Bis heute hebt und senkt sich die Insel in einem wellblechartigem Auf und Ab und bewegt sich dabei jährlich ca. 5 cm nach Süden. Fährt man (z. B. nach der Durchwanderung der Samariá-Schlucht) nach Chóra Sfakíon oder Soúgia, kann man etwa 50 m über dem Meer die alte Küstenlinie deutlich sehen.

Karstlandschaften (von »Karst«, einer Region in Slowenien) bestehen aus Kalkstein und haben sich im Wesentlichen durch Gesteinskorrosion gebildet. Kalkstein löst sich durch die Einwirkung von Wasser und kohlendioxydhaltiger Luft auf. Die Folgen dieses chemischen Prozesses sind kleine Vertiefungen (Karren) im anstehenden Fels, zwischen denen der Kalkstein in bizarren Formen stehen bleibt. Wo Wasser in Rinnen fließt, bilden sich tiefe Schluchten, wie sie sich an der Südküste Kretas aneinander reihen. Härtere Schichten bilden dabei Stufen und Steilhänge. Mengen lockeren Gerölls machen Bergtouren in Karstlandschaften oft beschwerlich.

Ein weiteres Karstphänomen sind die Schwemmland-Hochebenen, von denen die größten in Westkreta liegen. Auf der Fahrt zur Samariá-Schlucht kommen wir durch die 1000 m hoch gelegene Omalós-Ebene, im Osten der Weißen Berge liegt auf 800 m Höhe die Askifou-Ebene. Diese sehr fruchtbaren Ebenen oder Poljen (von serbokroatisch: »Feld«) haben in der Regel keine offen liegenden Abflüsse. Regen und Schmelzwasser verschwinden unterirdisch in Schlucklöchern (sog. Ponore) und kommt irgendwo unterhalb als Quelle wieder zum Vorschein. Manche Quellen Kretas (z. B. die von Stylos bei Tour 2 oder die Strandquellen auf Wanderung 25 und 27) sind Quelltöpfe, bei denen unter Druck stehendes Wasser von unten her nach oben austritt.

Andere Karstphänomene sind Dolinen und Höhlen. Eine Doline ist eine meist runde Eintiefung, die durch Einsturz in einen darunter liegenden Hohlraum oder durch Kalklösung entstanden ist. Von den ca. 2000 Höhlen Kretas sind nur wenige für Besucher zugänglich gemacht worden. Die spektakulärsten liegen in Ost- und Mittelkreta: die beiden Zeus-Höhlen auf der Lasíthi-Ebene und auf der Nída-Hochebene im Ida-Massiv sowie die sehenswerte Höhle bei Zoniana in der Nähe von Anogia. In Westkreta treffen wir bei Wanderung 1 auf die wenig spektakuläre Bärenhöhle mit einem Stalagmiten in der Form eines sitzenden Bären sowie auf die Höhle von Melidóni bei Perama.

Ölbaum und Olive

Der Ölbaum *(olea europea)* gilt als Charakterpflanze des Mittelmeerraumes. Er braucht zur Ausreifung seiner Steinfrüchte lange, trockene Sommer und milde, feuchte Winter. Er kommt fast ohne Wasser aus, liebt Kalkböden und solche, die aus vulkanischem Gestein hervorgegangen sind.

Selten findet man im Mittelmeerraum Gebiete, in denen Olivenbäume derart häufig vorkommen wie auf Kreta. Ca. 30 Mio. Olivenbäume mit grünlich-silbern schimmernden Blättern überziehen die Insel. Bei 600 000 Einwohnern kommen somit auf jeden Einwohner 50 Bäume! 40 Prozent der gesamten Olivenölproduktion Griechenlands stammen von Kreta, wo der Olivenbaum zum Waldersatz geworden ist.

Wo genau im Mittelmeerraum die Urheimat des Olivenbaums lag, ist umstritten. In der Nähe von Bologna hat man in Schichten des Pliozäns (vor 4–3 Mio. Jahren) Ölbaumblätter gefunden, in Griechenland entdeckte man Blätter aus dem Ende des Jungpleistozäns (um 37 000 v. Chr.). Als Kulturpflanze ist seine Heimat in Phönizien. Von hier aus gelangte er um 3500 v. Chr. ins minoische Kreta. Seine Wildform, der stachelige Oleaster mit seiner kleinen, ungenießbaren Frucht, hat bis heute überlebt.

Die ältesten Olivenbäume Westkretas bei Deliana haben ein Alter von 2000 Jahren. Normalerweise wird der Baum jedoch ›nur‹ 600–700 Jahre alt. Von den ca. 30 Olivenbaumarten finden sich in Westkreta vor allem zwei: die hohen und knorrigen Bäume mit der Tsounati-Olive und eine kleinwüchsige neuere Züchtung, der Morello mit der Koroneiki-Olive.

Die Tsounati wächst in den uralten Hainen, die Koroneiki in Reih und Glied angepflanzt auf neu angelegten Feldern.

In den uralten Tsounati-Hainen finden sich auffallend bizarre Stämme mit unzähligen Löchern und Verwindungen. Manche Bäume scheinen wie auf Stelzen zu gehen. Hier war ein Pilz am Werke, der die älteren Bäume befällt. Faulstellen werden mit der Axt ausgeschlagen, tiefe Wunden sind die Folge. Bedroht werden die Bäume außerdem von einer kleinen Fliege, dem *Dakos*. Die mückengroße Fliege legt ihre Eier auf die noch unreifen Früchte. Die Maden dringen später in die Frucht ein und fressen sie von innen her auf. Als Abwehrmittel hängen seltsame Plastikflaschen in den Bäumen, die als Falle für den männlichen Dakos dienen. Im Innern lockt eine Ammoniaklösung, deren Geruch dem Duft des weiblichen Dakos ähnelt. Der Olivenbaum ist trotz dieser Bedrohungen die langlebigste Kulturpflanze Europas. Bäume überleben Waldbrände und Blitzeinschläge, vertragen fast alle Kürzungen und schlagen immer wieder neu aus.

Die älteren Arten brauchen 12–15 Jahre, bis sie richtig tragen, jüngere Sorten wie der Morello tragen schon nach vier Jahren. Einen Olivenbaum zu pflanzen gilt als Investition für die Zukunft. In den Grundbüchern Kretas ist stets auch die Anzahl der Olivenbäume mit eingetragen.

Speiseoliven müssen vor dem Verzehr zwei bis drei Wochen gewässert werden. Es gibt jedoch eine Sorte, die *Pastolia*, die man direkt vom Baum essen kann. Grüne Oliven werden unreif, schwarze voll ausgereift gepflückt – letztlich eine Frage des Geschmacks.

In der Regel werden die kretischen Oliven jedoch zu Speiseöl verarbeitet. Die traditionellen Pressen sind durchweg verschwunden. Heute wird auch das erstklassige native Olivenöl erster ›Pressung‹ mithilfe von Zentrifugen gewonnen, die unter Zusatz von mäßig warmem Wasser das ›kretische Gold‹ ausschleudern. Geerntet wird von November bis Januar. Dann legen die Kreter schwarze Plastiknetze unter ihre Bäume. Man wartet geduldig, bis die Olive von selbst fällt oder hilft mit Stöcken oder motorbetriebenen Abstreifstäben nach. Ein Baum erbringt durchschnittlich 3,5 l Öl. Ein Kreter verbraucht davon täglich ein mittelgroßes Wasserglas, pro Jahr noch 10 l mehr als der Durchschnittsgrieche. Vor allem daran wird es liegen, dass die Lebenserwartung auf Kreta sechs bis sieben Jahre höher ist als im übrigen Griechenland.

Olivenöl geht darüber hinaus in die griechische Margarine ein, dient zur Seifenherstellung und wird als Lampen- und Schmieröl verwendet. Aus dem harten Holz des Ölbaums macht man kostbare Drechsler- und Tischlerarbeiten. Die nach der Pressung angefallenen Reste werden zu Briketts gepresst.

Nicht zu vergessen, dass Olivenöl auch als Aphrodisiakum und als Mittel gegen Unfruchtbarkeit dienen kann. Neuvermählte bekommen Brotringe, die mit Olivenöl beträufelt sind. Ein altes Sprichwort bringt es auf den Punkt: »Iss Butter und schlaf wie ein Schafskopf, iss Öl und komm am Abend«.

Ziegen, Schafe, Käse

Nur knapp 40 % der Bodenfläche Kretas ist bebaubar, der Rest ist steiniges, brachliegendes Berg- und Hügelland. Die als Wald ausgewiesene Fläche beläuft sich auf weniger als 2 %, weniger als der gesamtgriechische Durchschnitt. Für die Kargheit der kretischen Landschaft waren in den vergangenen Jahrhunderten Abholzungen und Brände verantwortlich. Dass nichts nachgewachsen ist, liegt an den Ziegen und Schafen. Auf dieser felsigen Insel mit ihren abweisenden Berghängen weiden etwa 370 000 Schafe und Ziegen, die unaufhörlich zwischen den Felsen herumklettern und mit mahlenden Kiefern die karge Vegetation abfressen. In den 1970er-Jahren gab es noch doppelt so viele Schafe und Ziegen. Die Weidegründe in den Weißen Bergen können wegen des Schnees im Winter nicht genutzt werden, so dass für diejenigen Tiere, die nicht in Ställen unterkommen, das flachere Hügelland herhalten muss. Daher die Zäune, die man auf Kreta überall dort ziehen muss, wo es gilt, Pflanzungen vor den gefräßigen Tieren zu schützen.

Neben den Herdentieren, deren Zahl man genau kennt, weil die Besitzer pro Schaf oder Ziege EU-Subventionen um 20 Euro beantragen, gibt es eine schwer zu schätzende Anzahl von nicht subventionierten Haustieren, die von den Bauernfamilien dorthin geführt werden, wo es noch etwas Grün gibt.

Seit dem Zweiten Weltkrieg versucht der griechische Staat, zuletzt mit EU-Subventionen, den Waldanteil auf Kreta zu erhöhen. Die EU finanziert das Aufforstungsprogramm zu ca. 90 %. Schäfer, die private Weidegründe einzäunen und bepflanzen, erhalten für diese mühselige Arbeit mehr Geld, als Ziege und Schaf abwerfen würden.

Das ist verführerisch, zumal die Lage der Viehzüchter alles andere als rosig ist. Industriell hergestellter Käse aus Holland, Deutschland und Dänemark wird in den Geschäften weit billiger angeboten als die hausgemachten kretischen Sorten. Der Verdienst im Käsegeschäft in so gering, dass die meisten Hirten im Winter von der Agrarbank Kredite für Maisfutter aufnehmen müssen.

Die Jungtiere werden vor allem im Frühjahr, vor Ostern, geschlachtet. Ende Mai oder Anfang Juni ziehen die Schäfer dann mit ihren Herden in die Berge. Erst im Oktober geht es zurück. Ihr Heim ist in dieser Zeit das *Mitato*, die Käserei. Es besteht aus einem Wohnraum, in dem auch ein großer Kupferkessel für die Erhitzung der Milch steht, aus einem oder mehreren Aufbewahrungsräumen für die Käselaibe und aus einer *Mandra*, dem Pferch. In die Weißen Berge führen bis heute keine befahrbaren Wege, Transportmittel sind wie seit Jahrhunderten Esel und Maultier. Zur Kommunikation mit den Angehörigen ist heute allerdings das Handy unverzichtbar.

Schafe und Ziegen können bis etwa Mitte Juli gemolken werden. Jedes Tier gibt pro Melkvorgang nur wenige Tassen Milch. Die Schäfer hängen sich beim Melken in Gurte, um ihre Rücken zu entlasten. Gleich nach dem Melken wird die Milch mit etwas Lab in einem Kupferkessel erhitzt. Die Temperatur beim Erhitzen entscheidet über die Sorte. Der harte, weiße *Kefalotyri* (»Kopfkäse«, wegen seiner Form) braucht 45 Grad. Man nimmt ihn, um Nudelgerichte zu würzen. *Graviera*, der mildere, weichere, strohgelbe kretische Gruyère, braucht 50–52 Grad. Mit bloßen Armen oder mit Kellen schöpfen die Hirten dann die Käseklumpen vom Grund des Kessels und füllen sie in Trommeln, in denen die Molke ablaufen kann. Schließlich wird der Käse gesalzen. Wenn man die Restmilch im Kessel zusammen mit Frischmilch auf 78 Grad erhitzt, erhält man *Anthotyros* (wörtlich: »Blumenkäse«), den quarkähnlichen kretischen Ricotta. Schaf- und Ziegenmilch werden dabei oft gemischt. 400 Tiere ergeben etwa drei Tonnen Käse und Quark im Jahr. Weitere Varianten des kretischen Käses sind *Myzithra*, ebenfalls ein Quarkkäse, und der pikante *Kefalograviera*, ein ausgereifterer Graviera, der mehr Salz angezogen hat. *Feta* gehört übrigens nicht zu den traditionellen Käsesorten Kretas.

Alle diese wunderbaren Käse verführen dazu, die Schäden, die Schafe und Ziegen der kretischen Landschaft antun, zu vergessen. Wanderer haben allerdings noch einen weiteren Grund, insbesondere die Ziege zu schätzen. Denn Ziegen sind es gewesen, die in schwierigem Gelände als erste die Pfade getreten haben, denen wir heute folgen.

Kretas Kirchen

Selbst in den abgelegensten Gebieten Kretas treffen Wanderer auf Kirchen oder Kapellen, die der reizvollen Landschaft ihre Tupfer verleihen. Kreta besitzt über 1000 Kirchen und Kapellen, nur wenige Gebiete des Mittelmeerraumes können in dieser Hinsicht mithalten. Die Kirchen lassen sich nach drei Gattungen gliedern. Die Dörfer haben ihre Dorfkirchen, in der sich das ganze Jahr über die Dorfbewohner zur Messe versammeln. Die verstreut auf dem Lande stehenden Stifterkichen werden zwar ebenfalls häufig besucht, aber nur im Vorübergehen. Hirten oder Bauern zünden dem Kirchenpatron eine Kerze an oder bleiben auf ein kurzes Gebet. Eine Messe findet hier nur einmal im Jahr am Kirchweihfest statt. Orthodoxe Gläubige bauen ihrem Schutzheiligen sowohl als Bitte als auch zum Dank eine Kirche. Manche geben den Bau einer Kirche in Auftrag, manche legen selbst Hand an, andere kaufen sich fertige Kirchen im Baumarkt. Ein Seemann z. B. leistet in Seenot ein Gelübde ab, dem Ágios Nikólaos eine Kirche zu bauen. So sind Kapellen am Meer oder in Häfen in der Regel diesem Schutzheiligen der Seefahrer errichtet. Kapellen auf Berggipfeln sind immer dem Propheten Elias geweiht, der seine Himmelfahrt mit dem Feuerwagen auf einem Berggipfel begann.

Zur dritten Kirchengattung gehören die Klosterkirchen. Viele Klöster sind aber seit Jahrhunderten verlassen. Nur die Wohn- und Wirtschaftsgebäude sind jedoch verschwunden, die Kirche wurde als sakrosanktes Gebäude vorm Verfall gerettet.

Entsprechend den bescheidenen Einkommensverhältnissen der Stifter sind die weitaus meisten Kirchen als schlichte, weiß gestrichene Einraumkapellen konzipiert. Klosterkirchen sind dagegen größer und komplizierter gebaut als Kreuzkuppelkirche oder Zweiraumkirche.

Bei allen Kirchen ist dabei das Äußere weniger wichtig als der Innenraum. Das Kircheninnere ist nach einem Schema gestaltet, das mit wenigen Veränderungen immer wieder reproduziert wurde. Der Altarraum liegt wie beim antiken Tempel stets im Osten. Beim Bildschmuck lässt sich eine vertikale von einer horizontalen Hierarchie unterscheiden, jede besteht aus drei Sphären. In der vertikalen Hierarchie symbolisiert – wenn vorhanden – die Kuppel mit Jesus als strengem *Pantokrator* (Allherrscher) die höchste Sphäre. In der mittleren Sphäre folgt der Zyklus mit der Lebens- und Leidensgeschichte Jesu. Da er in seiner klassischen Ausprägung aus zwölf Bildern bestand, die die Wurzel der christlichen Feste wie Weihnachten oder Ostern abbildeten, heißt er Zwölffestezyklus (*Dodekaortion*). Er beginnt stets mit der Verkündigungsszene an der Südwand in der Nähe der Ikonostase und setzt sich über die Westwand bis zum Marientod an der Nordwand fort. In der unteren Sphäre sind Heilige abgebildet, die auf gleicher Höhe mit den Kirchenbesuchern mit diesen eine ›mystische Gemeinschaft‹ eingehen. In der vertikalen Hierarchie folgt auf den Altarraum der eigentliche Kirchenraum und schließlich der Vorraum.

Stets trennt eine Bilderwand den Altarraum vom Kirchenraum. Sie heißt Ikonostase, auf Griechisch *eikonostasion* oder *eikonostasis*, also eigentlich »Bildgerüst«. Die Bilderwand mit den verehrten Ikonen ist bei den größeren Kirchen dreigeteilt. Durch die linke Tür geht es in den Rüstraum, die *Prothesis*, durch die »Königstür« in der Mitte in den Altarraum und durch die rechte Tür ins *Diakonikon*, einer Aufbewahrungskammer für Gewänder und Geräte. Rechts von der Mitteltür ist stets Jesus, manchmal mit seiner Mutter, links immer Maria abgebildet. Außerdem befindet sich an der Ikonostase stets das Bild des Kirchenpatrons. Man erkennt es an kleinen Silbertafeln mit eingestanzten Armen, Beinen, Augen usw., die von Pilgern nach Heilungen oder erfolgreich verlaufenen Operationen an die Ikone gehängt werden. In der oberen Zone der Bilderwand findet sich ein weiteres Mal der Zwölffestezyklus und darüber der Gekreuzigte mit den Leidensinstrumenten.

Eikonostasion nennt man aber nicht nur die Bilderwand, sondern auch die kleinen Heiligenschreine an Straßen oder Wegen. Es handelt sich um einfache Blechkästen, aber auch um anspruchsvollere Kirchenmodelle aus Beton. Innen stehen eine oder mehrere Ikonen, vor ihnen speist die Flamme eines in Öl gelegten Dochtes das Ewige Licht. An Straßenkurven erinnern die *Ikonostasia* an einen Autounfall, der entweder glimpflich oder tödlich verlaufen ist.

Tour 1

Alte Klöster, malerische Schlucht

Vom Kloster Gouvernétou zum Katholikon und zum Meer

Im Norden der Halbinsel Akrotíri erhebt sich eine Bergkette, die sich beim Näherkommen als unerwartet malerisch entpuppt. Und mit Agía Triáda und Gourvernétou erleben wir zwei der bedeutendsten Klöster Kretas, erbaut im Stil der kretischen Renaissance.

DIE WANDERUNG IN KÜRZE

+ Anspruch

2 Std. Gehzeit

7 km Länge

Charakter: Einfache und beliebte Schluchtwanderung auf sehr gut gepflastertem und gesichertem Fußweg zwischen Kloster Gouvernétou und Katholikon. Auf einem Fußpfad geht es weiter hinunter zum Meer.

Markierung: Schilder und Punkte

Ausrüstung: Taschenlampe für den Besuch der Höhlen, Badezeug, Badeschuhe (schroffe Felsen an der Badestelle!)

Einkehrmöglichkeiten: Keine

Anfahrt: Am besten mit dem **Auto:** Von Chaniá über Aróni bis Gouvernétou. Mit dem **Bus:** 2 x tgl. nur bis zum Kloster Agía Triáda. Von hier bis Gouvernétou 1 Std. Mit dem **Taxi:** Die Entfernung Chaniá– Gouvernétou beträgt 20 km, ein Taxi kann für die Rückfahrt telefonisch von Gouvernétou aus bestellt werden. Einfacher ist es, die Abholzeit schon bei der Hinfahrt abzumachen.

Öffnungszeiten: Agía Triáda: tgl. 8–14, 17–19 Uhr, Gouvernétou: 9–12.30 16.30–19 Uhr

Wir beginnen unsere Wanderung am **Kloster Gouvernétou,** das einsam auf einer kleinen Hochebene wenige Meter unterhalb eines Sattels liegt. Vom Sattel aus hat man einen herrlichen Blick über die Schlucht hinweg aufs blaue Meer. Man achte auf dem Sattel auf ein **Denkmal,** das an die Toten Akrotíris in der Schlacht um Kreta und in der deutschen Besatzungszeit erinnert.

Auf einem neu angelegten, sehr gut gepflasterten breiten Fußweg gehen wir sanft bergab am Schlucht-

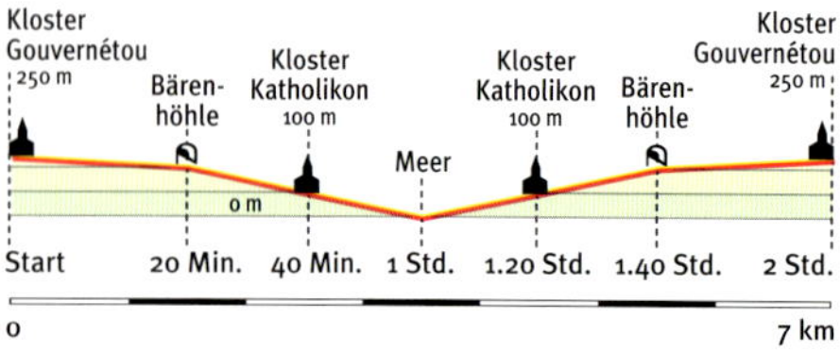

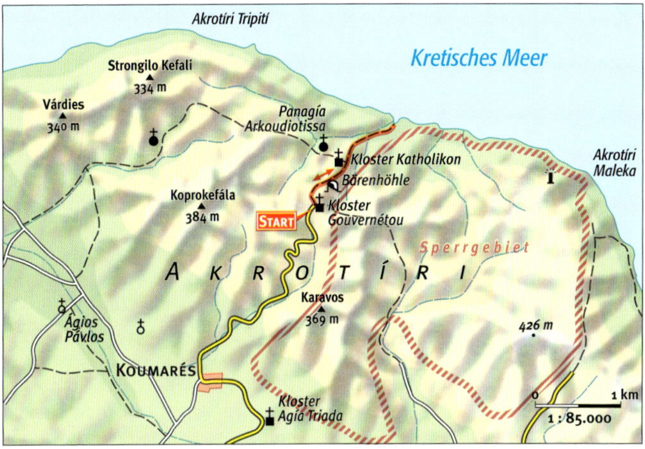

rand entlang. Nach 20 Minuten stoßen wir auf ein Kirchlein aus dem 16. oder 17. Jh., das einer Höhle – der **Bärenhöhle** – vorgebaut ist. Funde von Weihgeschenken beweisen, dass in der Höhle vom Neolithikum bis zur minoischen Zeit eine Göttin verehrt wurde, die die späteren Griechen mit Artemis identifizierten. Die Gottesmutter, der das Kirchlein geweiht ist, hat die Nachfolge einer minoischen Fruchtbarkeitsgottheit angetreten. Ihren Namen verdankt die Höhle einem großen Stalagmiten in der Mitte, der die Gestalt eines sitzenden Bären aufweist.

Tropfsteinbildung ist ein typisches Karstphänomen. Wenn kalkgesättigtes Sickerwasser an der Höhlendecke mit der Höhlenluft in Kontakt tritt, dann diffundiert Kohlendioxyd in die Höhlenluft, die einen geringeren Kohlendioxydgehalt besitzt. Aus der nunmehr übersättigten Lösung wird Kalk ausgesondert. An der Decke entsteht ein Stalaktit. Beim Aufschlagen des Tropfens auf den Höhlenboden wird wiederum Kohlendioxyd abgegeben, somit wird der Stalagmit aufgebaut.

Wir gehen auf unserem bequemen Weg weiter, der nun bald steil bergab zum **Katholikon** (40 Min.) führt. Diese malerische Klosteranlage schmiegt sich versteckt auf dem Schluchtgrund an den Fels. Der doppelte Glockengiebel über dem Eingang in den Klosterhof bildet ein wunderbares Fotomotiv. Den Innenraum der Klosterkirche bildet eine Höhle, nur die Fassade ist aus Steinen gebaut. Vor der Kirche bildet eine harmonische, 50 m lange und 15 m breite Brückenkonstruktion über dem Schluchtbach einen großen Terrassenplatz für die Klosterbesucher. Immer noch kommen Hunderte zum *Panigyri* (Heiligenfest) Johannes' des Eremiten, das jedes Jahr am 6. und 7. Oktober gefeiert wird. Der Einsiedler gehörte zu den 99 Heiligen Vätern von Azogirés (s. Tour 15).

Johannes hatte sich in Südkreta von den Kameraden getrennt und nach Akrotíri zurückgezogen. Sein Leben wurde durch den Pfeil eines Jägers beendet, der ihn für ein wildes Tier hielt. Wenige Meter vor der Klosterkirche achte man auf eine weitere kleinere Höhle, die eigentliche Johanneshöhle. Sie führt ca. 150 m in den Berg hinein. Das Kloster Katholikon wurde bereits Anfang des 16. Jh. nach mehreren Piratenüberfällen verlassen, die Eremiten zogen sich ins besser geschützte Kloster Gouvernétou zurück. An den Mauern des Klosters und der Brücke blüht im späten Frühjahr die endemische Königskerze *Verbascum arcturus*.

Der Weiterweg zum Meer ist nun weniger bequem. Ein nicht ganz unschwieriges Stückchen Weg stellt die steile Passage von der Klosterterrasse zum Bachbett dar, in dem der Pfad zum Meer verläuft. Am besten geht man am Ende der Terrasse, einigen Markierungen folgend, zunächst schluchtaufwärts zum Bachbett hinunter und unter der Brücke hindurch dann bergab. Während des Abstiegs zum Meer achte man auf die zahlreichen Exemplare der Gemeinen Schlangenwurz *(dracunculus vulgaris)*. Sie gehört zu den Aronstabgewächsen. Tatsächlich sehen Stengel und Blätter aus wie die Haut einer Schlange. Die bis zu 1 m hoch wachsende Pflanze verströmt einen penetranten Aasgeruch. Davon angelockt, fallen Insekten entlang des weinroten Hochblattes in das Innere der Blüte und werden dort erst nach der Bestäubung wieder freigelassen.

Am **Meer** angelangt (1 Std.) halten Badewillige Ausschau nach einer guten Badegelegenheit. Bei Brandung kann man von den Steinen nur mit Gefahr ins Wasser steigen. Am besten kann man in der fjordartigen Felsenbucht schwimmen. Hier sind Spuren eines Steinbruchs und Reste eines alten Bootshauses zu sehen.

Zurück zum **Kloster Gouvernétou** nehmen wir den selben Weg, man kann aber genauso gut auch vor der Brücke rechts steil zur Terrasse aufsteigen.

Klöster und Mönchtum Agía Triáda, Gouvernétou und Katholikon

Im landschaftlich außerordentlich schönen Norden der militärisch genutzten Halbinsel Akrotíri treffen wir auf drei der bedeutendsten Klöster Kretas. Das erste, Agía Triáda, liegt an der Zufahrtsstraße, das zweite, Gouvernétou, am Ausgangspunkt unserer Wanderung. Das dritte, Katholikon, befindet sich auf halbem Wege zum Meer in einer malerischen Schlucht. Agía Triáda und Gouvernétou sind bewohnt, während Katholikon bereits Anfang des 16. Jh. verlassen wurde.

Das *Moní* (Abkürzung von gr. *Monastirion,* Kloster) **Agía Triáda** stammt im Wesentlichen aus der ersten Hälfte des 17. Jh., also aus den letzten Jahrzehnten der venezianischen Herrschaft. Kurz nachdem die Türken Chaniá und sein Umland eingenommen hatten (1645), wurde es fertig gestellt. Die Klostergründung ging auf zwei Venezianer zurück, die zur Orthodoxie konvertiert und Mönche geworden waren, Geremia und Benedico Zangorolo. Nach ihnen heißt Agía Triáda heute auch Moní Tzangarolou.

Die Fassade der Klosterkirche ist im Stil der italienischen Renaissance erbaut, der man auch im Kloster Arkádi (S. 146 f.) begegnet. Kennzeichen dieses Stils sind vorgeblendete Halbsäulen auf Pfeilersockeln, die von einem Gesims über Kapitellen bekrönt sind. Die Kirche selbst ist als Dreikonchenanlage konzipiert. Das heißt, der Altarraum und die beiden Kreuzarme unter der Kuppel haben die Form einer Muschel (griech.-lat. *concha,* Muschel). Diese Bauform geht auf die Klosterarchitektur des Berges Athos zurück, der Mönchsre-

Eng schmiegt sich das Katholikon an die hoch aufragende Felswand

publik im Norden Griechenlands. Sie findet sich im Umkreis von Chaniá in etwa zehn Kirchen, darunter auch in Gouvernétou.

Der Innenraum der Kirche ist mit kunstgeschichtlich unbedeutenden Ikonen des 18. und 19. Jh. geschmückt. Die Ikonostase stammt von 1887. Ein kleines Mueum zeigt den wertvollen Besitz des Klosters. Rechts vor dem Eingang achte man auf die seltene Züchtung eines Obstbaumes, der gleichzeitig Mandarinen, Orangen, Zitronen und Limonen trägt. Die Mönche von Agía Triáda produzieren hochwertige Weine und kaltgepresstes Olivenöl, die verhältnismäßig teuer in Schmuckflaschen verkauft werden.

Das Kloster **Gouvernétou** wurde im 16. Jh. errichtet. Seine Kirche hingegen stammt aus der ersten Hälfte des 17. Jh. und wartet wie die gleich alte Kirche von Agía Triáda mit einem Dreikonchentyp und einer Renaissance-Fassade auf. Auch hier zeigt ein kleines Museum kostbare byzantinische Kleinkunst. Gouvernétou wurde vermutlich als Ersatz für das Kloster Katholikon gebaut, das zu Beginn des 16. Jh. aufgrund von Piratenüberfällen verlassen werden musste.

Das **Katholikon** schmiegt sich an eine Felswand, in die mehrere Höhlen hineinführen. Die Klosterkirche mit einem kleinen Glockenaufsatz ist halb in eine Höhle hineingebaut. An dieser besonders malerischen Anlage beeindruckt die Brückenkonstruktion über den Schluchtbach, die als Versammlungsplatz für das Heiligenfest am 6. und 7. Oktober dient.

Das Wesen des orthodoxen Mönchtums lässt sich wie folgt skizzieren: Der abgesondert von der übrigen Gesellschaft lebende griechische *Monachos* (Mönch) stellt sich gewisse Formen der Askese zur Aufgabe. Askese bedeutet »Übung« oder auch »Training«. Angestrebte Prinzipien der Asketen sind das Wandern, die Heimatlosigkeit und der Verzicht auf Besitz und Familie der frühen Christen. Auch die Forderung nach Ehelosigkeit und Keuschheit findet sich bereits in frühchristlichen Quellen.

Später war die Heiligenvita des Antonius von Alexandria Vorbild der Eremiten (wörtlich: »der in der Wüste Lebenden«) und Anachoreten (wörtlich: »der an einem einsamen Ort Lebenden«). Der hl. Antonius war 356 n. Chr. im Alter von 105 Jahren in Ägypten gestorben.

In der Nähe des Klosters Katholikon finden wir die Karsthöhlen, in denen die Mönche ihrer kontemplativen Askese nachgegangen sind. Es gibt jedoch noch andere, extremere Formen. Die *Styliten* (»Säulensteher«) verbringen als »Säulenheilige« ihr Leben auf dem Kapitell einer aufrecht stehenden Säule. Ihr Vorbild ist Simeon Stylites. Und die Dendriten (»Baumbewohner«) ziehen ein Leben in den Zweigen eines Baumes vor.

Es gibt in der orthodoxen Kirche zwei Klosterordnungen. Die Klöster sind nicht in Orden organisiert, sondern direkt mit der Kirche verbunden. Der Unterschied liegt vor allem in den Eigentumsverhältnissen.

Agía Triáda und Gouvernétou gehören zum koinobitischen (wörtlich: gemeinsam lebend) Mönchtum. Der ins Kloster Eintretende gibt sein Vermögen und damit seine finanzielle Unabhängigkeit auf und verpflichtet sich zu einem streng asketischen Tagesablauf. Er darf z. B. in dem ihm zugewiesenen Stehgestell in der Kirche bei den sich die ganze Nacht hinziehenden Gottesdiensten vor den großen Feiertagen nicht einschlafen. Tut er es trotzdem, muss er diverse Bußübungen verrichten. Weniger streng ist das später aufgekommene idiorrhythmische Mönchtum. Der nach »eigenem Rhythmus lebende« Asket kann über seinen Besitz und seine Zeit frei verfügen und seine Zelle mit persönlichen Gegenständen ausstatten. Er ist nicht gezwungen, an allen Gottesdiensten teilzunehmen. Und wenn er bei der frühmorgentlichen Liturgie einschläft, ist es seine Sache, dafür Buße zu tun oder nicht.

An den Hängen der Weißen Berge

Von Therisso nach Meskla

Die Täler bei Zourva und Meskla gehören zu den grünsten und wasserreichsten Kretas. Therisso mit seinen beiden Museen zieht vor allem diejenigen an, die sich für die Geschichte des kretischen Widerstandes gegen die türkische und deutsche Besatzung interessieren.

DIE WANDERUNG IN KÜRZE

++ Anspruch

3.15 Std. Gehzeit

10 km Länge

Charakter: Meist auf Pfaden und Feldwegen, zwei Abschnitte auf Asphalt

Einkehrmöglichkeiten: Tavernen in Therisso, Zourva und Meskla

An- und Abfahrt: Mit dem **Bus:** Nach Therisso frühmorgens oder gegen 13.30 Uhr ab Chania. Mit dem **Taxi:** Ein Taxi Chania–Therisso (15 km) ist erschwinglich und kann für die Rückfahrt telefonisch in der Taverne Chalaras in Meskla bestellt werden. Mit dem **Mietwagen:** Man kann sich ab Meskla über die erwähnte Teerstraße mit dem Taxi nach Therisso zurückbringen lassen, oder man unternimmt eine kürzere Rundwanderung ab Zourvas (s. unten). Wer noch 1.30 Std. weiter nach Lakki aufsteigen möchte, findet dort bis nachmittags Anschluss an die Buslinie Samaria–Chania.

Sehenswürdigkeiten: Venizelos-Museum und privates Museum zum Widerstand gegen die deutsche Besatzungszeit

Schon die Anfahrt ist ein Genuss. Die Straße windet sich durch eine enge, bewaldete Schlucht hinauf in das Ausflugsdorf **Therisso**. Im Jahre 1905 leitete der junge Venizelos von hier aus den bewaffneten Widerstand gegen die türkische Herrschaft. Wir starten an seinem mannshohen **Bronzedenkmal** am **Ortsende** und nehmen zunächst für 1 km die schmale Teerstraße nach Zourvas. An der Abzweigung nach Drakonas gehen wir ein kurzes Stück links zum Talgrund bergab. Etwa 10 m vor dem Bachlauf können wir bei einer Ziegentränke den Baustahlgewebezaun öffnen und finden dahinter einen schmalen Pfad, der uns zunächst nahe am Bach, später dann in größer werdendem Abstand aufsteigend zum **Pass** auf den Bergrücken führt, der Therisso von Zourva und Meskla trennt .

Oben angelangt (1.15 Std.) treffen wir wieder auf die Teerstraße Therisso–Zourva und folgen ihr ca. 1 km Richtung Zourva. Hundert Meter nach einem auffälligen Stall mit Ziegengehege folgen wir einem Feldweg, der in spitzem Winkel nach rechts bergab führt. Nach etwa 500 m gehen wir bei einer Abzweigung durch ein Baustahlgitter nach links,

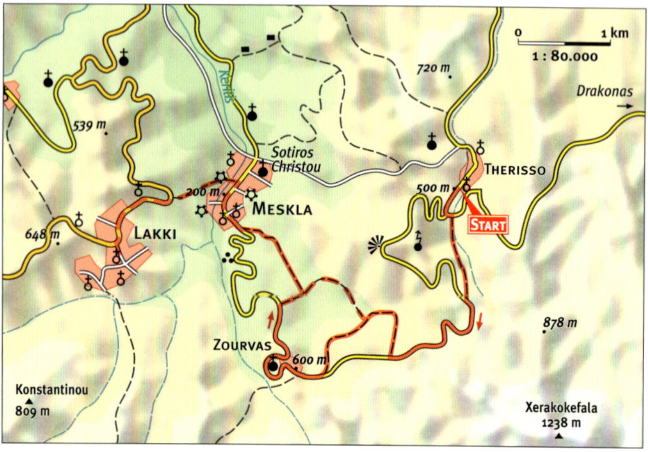

weiter bergab, zu einem hallenartigen **2. Stall** (1.45 Std.). Beide Ställe konnte man schon seit dem Pass ausmachen. Gegenüber der Schmalseite des 2. Stalles müssen wir nun eine Pforte im Zaun durchqueren, um einen schmalen Fußpfad zu finden, der uns – ohne Abzweigungen längs des Hanges und leicht aufsteigend – zur Teerstraße kurz vor **Zourva** führt.

Wir gehen nach rechts, durchqueren das Dorf (2.30 Std.) und folgen der Teerstraße noch etwa 1 km bergab Richtung Meskla. Bei einer Linkskurve zweigt nach rechts ein Feldweg ins Tal hinab ab. Im Talgrund angelangt, nehmen wir bei einer Gabelung denjenigen Weg, der uns in Fließrichtung des Baches nach Meskla führt. (Wer an dieser Gabelung nach rechts geht, würde wieder den erwähnten 2. Stall erreichen und könnte so auch eine kürzere Rundwanderung ab Zourva unternehmen – eine Alternative, die für Autofahrer interessant ist.) Ist Meskla in Sicht gekommen, achten wir in Dorfnähe auf eine Abzweigung (bei einem weiteren Stall), die uns nach links bergab zu einer Bachbrücke führt. Hinter der Brücke folgen wir dann dem Fahrweg am Bach entlang rechts nach **Meskla** (3.15 Std.). Am Dorfeingang befindet sich das hübsche Gartenrestaurant Chalaras.

Wer jetzt noch 1.30 Std. nach Lakki aufsteigen möchte, folgt zunächst der Straße ins Dorf und biegt vor der Bachbrücke nach links in eine Piste ein. Vor Erreichen von Lakki muss man dann allerdings noch ein Stück auf der Hauptstraße laufen.

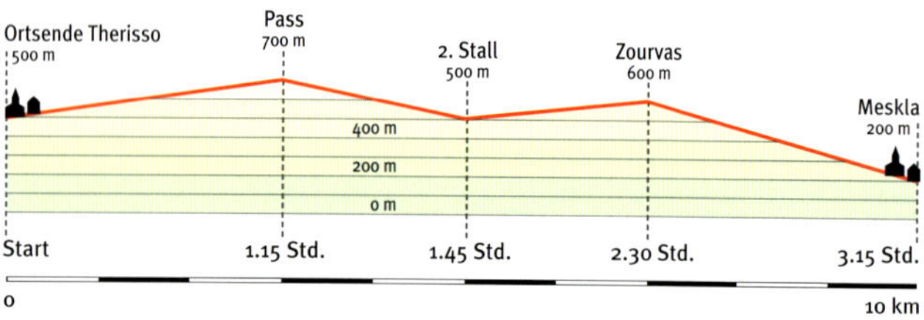

Tour 3

Durch die Díktamos-Schlucht

Von Katochóri nach Stylos

Die schattige Schluchtwanderung führt vom Bergdorf Katochóri ins »Dorf der Quellen«. Für die manchmal etwas beschwerliche Kraxelei über die Kiesel des Bachbetts entschädigt die Rast in Stylos unter riesigen Schatten spendenden Platanen und Eukalyptusbäumen.

DIE WANDERUNG IN KÜRZE

++ Anspruch

3.30 Std. Gehzeit

9 km Länge

Charakter: Mittelschwere Wanderung mit einigen etwas mühevollen Passagen. Hin und wieder müssen die Hände zur Hilfe genommen werden. Trittsicherheit ist von Vorteil. Schattig, daher im Hochsommer zu empfehlen, bei Regen werden die Steine rutschig. Ganzjährig möglich, außer nach starken Regenfällen.

Markierung: Rote Punkte und einige Steinpyramiden

Einkehrmöglichkeiten: Eine Taverne am Beginn, mehrere Tavernen am Ende der Tour. Trinkwasserquelle am Beginn der Tour zum Auffüllen der Wasserflasche.

An- und Abfahrt: Mit dem **PKW:** Mietwagenfahrer sollten ihr Fahrzeug an der Brücke von Stylos abstellen und hierhin wieder zurückkehren. So geht es zunächst bergauf, zurück dann bergab. Den schönsten Teil der Schlucht erreicht man nach 1.30 Std., so dass die Gesamtwanderzeit etwa 3 Std. beträgt. Mit dem **Bus:** Die Dorfbusse, die gegen 6 und gegen 14 Uhr über Katochóri nach Kámbi fahren, halten in der Regel an der Abzweigung zur Schlucht im Scheitel einer scharfen Rechtskurve. Wenn nicht, müssen Sie an der Haltestelle am Kafenion bei der Brücke aussteigen und 400 m zurücklaufen. Unbedingt nachfragen, ob der Frühbus tatsächlich von der Busstation in Chaniá und nicht etwa von der Wohnung des Busfahrers aus nach Kámbi fährt. Stylos wird 3–4 mal tgl. angesteuert, der letzte Bus fährt gegen 16.45 Uhr. Haltestelle am südöstlichen Ortsausgang.

Vor dem Ortszentrum von **Katochóri** weist im Scheitel einer Rechtskurve ein Schild nach links in die Díktamos Gorge. Eine schmale Asphaltstraße führt nach wenigen hundert Metern zur Gartentaverne Kapilio neben einer Quelle, an der man seine Wasserflasche auffüllen kann. Ab hier wird der Asphalt- zum Erdweg. Zwischen Gemüsebeeten und entlang vieler Wasserrohre gehen wir weiter nach Osten auf die Schlucht zu. Nach einigen Minuten erreichen wir den Schluchtbach, den wir schräg überqueren. Hier müssen wir das erste einer Reihe von Ziegengattern öffnen und sorgfältig wieder schließen. Der steinige Pfad durch die Schlucht folgt nun mal links, mal rechts dem Bach, der auch im Hochsommer etwas Wasser führt. Später wird er verschwinden und unterirdisch fließen, ein typisches Phänomen der kretischen Karstlandschaft.

Zu Anfang gehen wir eher durch ein Tal, erst später verengt sich dieses zur Schlucht. Die Heilpflanze Díktamos, nach der die Schlucht benannt ist, ist leider nur schwer auszumachen. Sie wächst nicht entlang unseres Weges im Schluchtbett, sondern an den Hängen oberhalb. Ein Querfeldeinabstecher dort hinauf ist beschwerlich und oft nicht von Erfolg gekrönt, da die Ziegen den Díktamos gerne abfressen.

Nach knapp 1.30 Std. umgehen wir einen Mini-Katarakt links auf einem angelegten Pfad, der mit einem Geländer gesichert ist. Die Kraxelei über große und kleine Flusskiesel bringt uns jetzt langsamer voran. In den heißen Sommermonaten freuen sich die Wanderer über den Schatten, den die Schluchtwände, aber auch die knorrigen Platanen und der Oleander spenden.

Nach ca. 3 Std. Gehzeit ist das **Schluchtende** erreicht. Wir wandern nun durch Wein- und Olivenfelder und stoßen bald darauf auf einen Wirtschaftsweg, auf dem wir nach der Kraxelei in der Schlucht endlich wieder ausschreiten können. Immer weiter entlang des Baches gehend, stoßen wir schließlich auf die **Straßenbrücke** (3.15 Std.). Hier wenden wir uns nach rechts und laufen auf der Asphaltstraße nach **Stylos** (3.30 Std.) hinein. Stylos ist ein beliebter Ausflugsort. Unter Schatten spendenden Platanen und Eukalyptusbäumen kann man sich in einer der Gartentavernen direkt an der Quelle von Stylos wunderbar ausruhen. Das Quellwasser sprudelt aus mehreren Erdöffnungen auf dem Grunde eines mit Beton eingefassten Teiches. Es handelt sich um eine Topfquelle, bei der Wasser von unten nach oben herausquillt – ein weiteres typisches Karstphänomen. Das Wasser aus einer Quellöffnung nebenan wird direkt in die Mineralwasserfabrik des Ortes geleitet.

Die kretische Heilpflanze Diktamus

Dictamus *(Origanum dictamnus,* gr. *Díktamos,* dt. auch Diktam), die wahrscheinlich berühmteste Heilpflanze Griechenlands, ist auf Kreta heimisch. Ihr Name leitet sich vom Dikti-Massiv in Ostkreta und vom

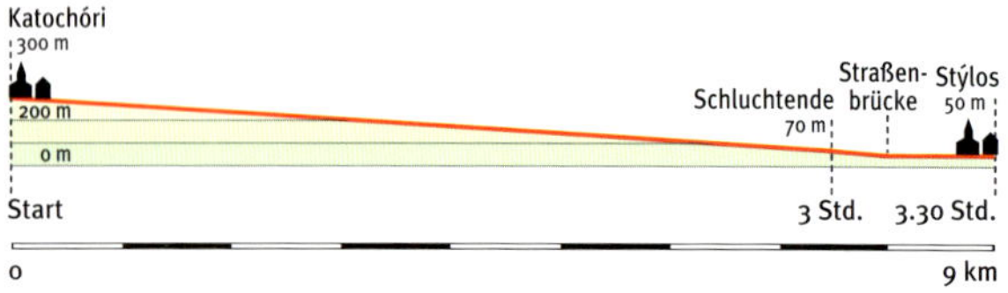

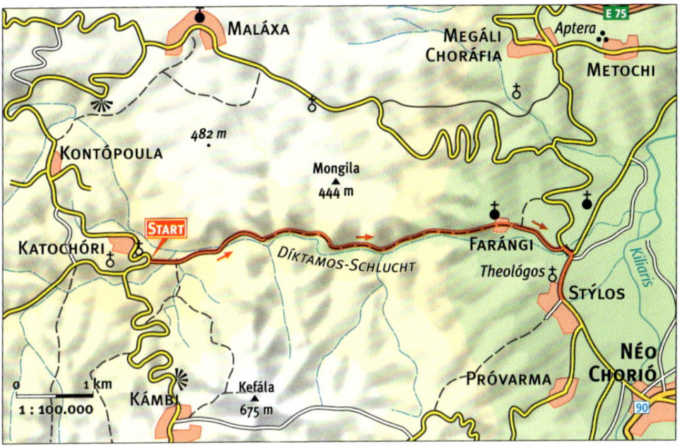

griechischen Wort für Strauch, *Thamnos*, her. Die Blätter dieses Lippenblütlers besitzen Wunderkräfte, die zu rühmen antike Autoren nicht müde werden. Díktamus war der Jagdgöttin Artemis heilig. Sie konnte mit ihren Pfeilen nicht nur verwunden, sondern die Wunden auch heilen. Aristoteles erzählt die wunderlichste Geschichte von der Heilkraft des Diktamus: Wenn kretische Wildziegen von giftigen Pfeilen getroffen waren, fraßen sie die Blätter des Díktamus. Daraufhin habe ihr Körper die stecken gebliebenen Pfeile und das Gift ausgeschieden, und die Wunde verheilte. Ob wahr oder nicht, diese Erzählung des berühmten Gelehrten und Philosophen wurde von europäischen Griechenlandreisenden bis weit in die Neuzeit weiter verbreitet. Zum Beispiel findet sich in der »Exakten Beschreibung der griechischen Inseln« des flämischen Reiseschriftstellers O. Dappner (1703) eine Gravur mit einem Diktamus-Strauch, dessen Blätter eine Ziege frisst, der ein Pfeil im Rücken steckt.

Der antike Arzt Hippokrates von Kos verwendete Díktamus gegen Gallenleiden, Schwindsucht und bei Wundgeschwüren. Der trojanische Held Äneas wurde laut Vergil von seinen Wunden mit Diktamus geheilt.

Heute sammeln die Kreterinnen und Kreter das Heilkraut, um damit einen Magentee zu bereiten. Manche glauben, dass Díktamus Geburten erleichtert und die Liebeskraft steigert. Durch übermäßiges Sammeln sind die Bestände allerdings stark zurückgegangen. Wer Diktamus nicht in freier Natur aufspürt, kann ihn verpackt in Kräuterläden finden, zum Beispiel beim Kräuter-Marktführer Kondogiannis in Réthimno, Souliou 58 (in der Nähe der venezianischen Loggia).

Tour 4

Malerische Dörfer auf Drápano

Von Doulianá über Vámos und Gavalochóri zurück nach Doulianá
Das Landesinnere der Halbinsel Drápano präsentiert sich als sanft hügelige Kulturlandschaft mit Olivenhainen, Weinfeldern und Zypressenwäldchen. In den kleinen Dörfern dazwischen sind noch Ruhe und Ursprünglichkeit zu Hause.

DIE WANDERUNG IN KÜRZE

+ Anspruch

3 Std. Gehzeit

12 km Länge

Charakter: Einfache Rundwanderung auf Feldwegen von Dorf zu Dorf, zwischen Vámos und Gavalochóri auch ein Stück auf einer schmalen, kaum befahrenen Teerstraße. Am Ende der Tour folgt ein besonders reizvoller Pfad, der als Hohlweg durch einen dichten Wald führt.

Einkehrmöglichkeiten: In Doulianá besonders hübsches Dorfkafenion, in Vámos und Gavalochóri Tavernen und Kafenia

Anfahrt: Am besten mit dem **Mietwagen**. Von Chaniá bzw. Réthimno über die E75, abfahren Richtung Vámos, über Vámos nach Doulianá. Wer mit dem **Bus** anreist, sollte die Rundwanderung in Vámos beginnen. Von Chaniá nach Doulianá besteht mindestens 2 x tgl. eine Busverbindung.

Sehenswürdigkeit: Volkskundemuseum in Gavalochóri

Wir starten auf dem Dorfplatz von **Doulianá** und gehen auf der Asphaltstraße, die im Ort endet, am Friedhof vorbei zur Landstraße nach Gavalochóri. Der folgen wir 300 m nach rechts bis zur Hauptstraße Tsivaras–Vámos. Direkt an der Kreuzung steht ein Häuschen, in dem man auf den Bus warten kann. Gegenüber steigt ein Erdweg kerzengerade den Hang eines Hügels hinauf. Wir folgen ihm durch mehrere Baustahlgewebezäune, die wir sorgfältig wieder verdrahten. Voraus türmen sich die Kuppen der Weißen Berge auf, links sieht man unseren ersten Zielort, Vámos, und links davon im Hintergrund den auffälligen Tafelberg des Kap Drapános, der die gesamte Landschaft der

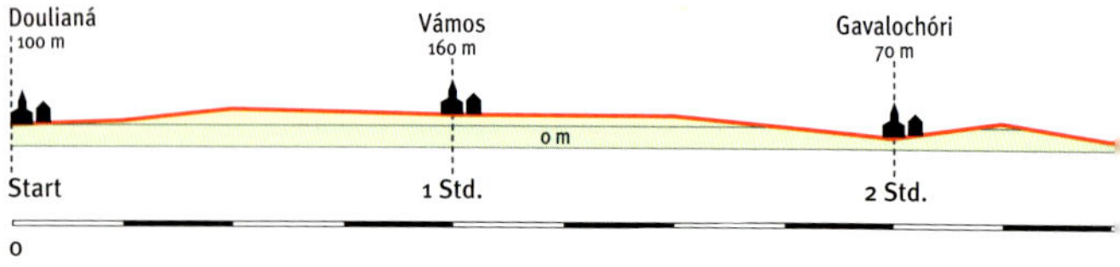

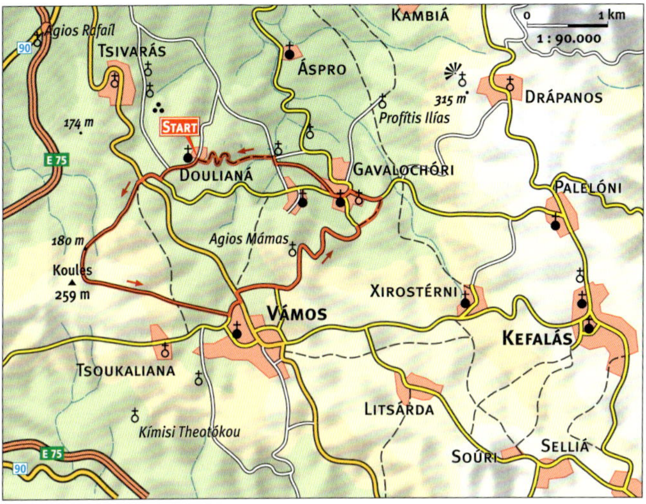

Halbinsel prägt. Ginster und Brandkraut säumen den Weg. Auf der Höhe des Hügels angelangt, treffen wir bald auf einen Wirtschaftsweg, dem wir in Gehrichtung ca. 150 Meter folgen, um dann bei einer Abzweigung nach links in Richtung Vámos abzubiegen. Bei einer Gabelung bleiben wir rechts auf dem Hauptweg, am Ortsrand von Vámos halten wir uns bei einer weiteren Gabelung dagegen links und folgen dem nun asphaltierten Weg zur Landstraße Vámos–Tsoukouliana am Ortsrand von **Vámos** (1 Std.). Auf ihr biegen wir links ab und können hinter dem Hotel Vámos Palace einen Weg nach rechts nehmen, der uns auf schmalen Gassen ins Ortszentrum bringt.

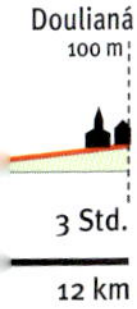

Es lohnt sich, durch Vámos zu bummeln, die restaurierten Landhäuser zu bewundern, den Laden der Kooperative zu besuchen und vielleicht in einem der netten ›Landgasthöfe‹ zu speisen. Anschließend halten wir Ausschau nach Schildern, die uns zum »Health Center«, dem Krankenhaus von Vámos, führen. Von dort aus gehen wir auf einer schmalen und wenig befahrenen Teerstraße nach Gavalochóri. Einige Kurven lassen sich auf einem gepflasterten Eselspfad abkürzen, der älteren Verbindung von Vámos nach Gavalochóri.

In **Gavalochóri** angelangt (2 Std.), sollte man unbedingt den Verkaufsladen und das Kaffeehaus der Frauen-Dorfkooperative an der Platia und das Dorfmuseum besuchen, zu dem uns Schilder den Weg weisen. Auf der Platia steht auch ein ungewöhnlich großes Widerstandsdenkmal, das an die Kriege gegen Türken und Deutsche erinnert.

Vom Dorfmuseum aus folgen wir dem Weg aus dem Dorf heraus und passieren dabei die klassizistische Kirche des Ágios Sergios. 150 m nach der Kirche verlassen wir in einer Linkskurve die Asphaltstraße und nehmen weiter geradeaus einen rechts abzweigenden, ansteigenden Weg, der zu Anfang betoniert ist. Er führt uns über einen olivenbestandenen Hügel in ein Tal. Beim Abstieg achte man in der Ferne auf das Dorf Doulianá, in dem wir gestartet sind. Im Tal angekommen, gehen wir nach rechts auf einem Feldweg weiter. 100 m weiter kreuzt ein begehbares Trockenbachbett unseren Feldweg.

Jetzt beginnt der schönste Teil der Wanderung. Wir folgen dem Bachlauf nach links bergauf Richtung Doulianá. Hinter einem Baustahlgewebezaun wird der Weg zum schmalen Pfad, der nun mal rechts, mal links des Bachlaufs durch ein grünes Tal führt. Zu Anfang ist die Vegetation noch offen, später kommen wir durch dichten, Schatten spendenden Wald. Jetzt ist der Pfad stärker ausgetreten, wir erreichen die kleine Felsenkapelle des Ágios Ioánnis, die von einer hohen Mauer umgeben ist – ein idealer Rastplatz. Etwa 100 m nach der Felsenkapelle wechseln wir erneut die Bachlaufseite. Jetzt beginnt – der Bachlauf befindet sich zur Linken – der Aufstieg auf einem gepflasterten Eselspfad. Nach 10 Min. erreichen wir **Doulianá** (3 Std.).

Die Dörfer der Drápano-Halbinsel

Das Landesinnere der Halbinsel Drápano präsentiert sich lieblich, eine sanft hügelige Kulturlandschaft mit Olivenhainen und Weinfeldern, dazwischen eingestreut aber auch einige Zypressenhaine und Steineichenwälder. In der Ferne türmen sich die bis Juni schneebedeckten Weißen Berge auf, die man von hier besonders gut zu sehen bekommt.

In den Dörfern ist noch Ruhe und Ursprünglichkeit zu Hause. Kreta-Kenner urlauben hier und nicht an den überfüllten Stränden. Griechen aus Athen, aber auch deutsche und andere ausländische Künstler und Lebenskünstler haben verfallene Dorfhäuser gekonnt restauriert. Sie vermieten ihre Bleibe im Sommer, manche bleiben aber auch für immer.

Vorreiter des kretischen »Agrotourismus« ist die Vámos AE. Das alternative kommerzielle Projekt wurde Mitte der 90er-Jahre von vier Lehrern, einem Arzt, einem Architekten, einem Elektroingenieur, einem Mechaniker und einem Musiker gegründet. Die EU steuerte im Rahmen ihrer Leader-Programme Zuschüsse bei. Mittlerweile sind gut ein Dutzend Natursteinhäuser renoviert und mit traditionellem Mobilar bestückt. Vorzeigeobjekt ist ein 10-Zimmer-Hotel in einem ehemaligen Mädchengymnasium, das »Old Girl's School« (Doppelzimmer ca. 50 Euro, Tel. 28250 22266).

Darüber hinaus betreibt die Vámos AE eine Nudelfabrik. Pastagerichte haben auf Kreta eine lange Tradition, ein Nachklang der venezianischen Herrschaft. Im Angebot sind grüne (von Spinat), rote (von Tomate) und gelbe Nudeln (von Eigelb). Alle werden ansprechend in Cellophan-Beuteln verpackt und mit einem Vámos-Schildchen versehen. Der Feinkostladen der Kooperative, To Myrovolio, bietet diese Nudeln an, außerdem Wein, Raki, kalt gepresstes Olivenöl, Olivenseife und vieles mehr, alles möglichst aus ökologischer Produktion.

Auf dem Weg nach Vamos

Gavalochóri und Doulianá sind ebenfalls Vorzeigedörfer des kretischen Agrotourismus. Gavalochóri besitzt ein äußerst sehenswertes Volkskundemuseum, das in einem venezianisch-türkischen Herrenhaus untergebracht ist. Es zeigt vor allem Aspekte der Seidenraupenzucht und der Steinmetzarbeit, für die das Dorf berühmt war. Außerdem sieht man Klöppelarbeiten, Keramik, Möbel und religiöse Schnitzkunst. Unter dem Ehebett verbirgt sich ein Steinbecken zum Traubentreten.

Am Hauptplatz von Gavalochóri, gegenüber dem Widerstandsdenkmal, betreibt die Frauenkooperative des Dorfes einen Verkaufslanden. Ähnlich wie im Myrovolio von Vámos stehen typische Dorfprodukte zum Verkauf, vor allem aber Textilien.

Tour 5

Ins Innere der Drápano-Halbinsel

Von Georgeoúpolis über Likotinareá, Kefalás und Xirostérni nach Gavalochóri

Die Wanderung führt von Dorf zu Dorf von der Küste ins reizvolle Binnenland der Halbinsel Drápano. Wer zu Beginn der Wanderung den steilen Aufstieg nach Likotinareá scheut, kann sich mit dem Taxi von Georgeoúpolis herauffahren lassen.

DIE WANDERUNG IN KÜRZE

++ Anspruch

4 Std. Gehzeit

14 km Länge

Charakter: Mittelschwer; nach dem Aufstieg nach Likotinareá (270 m ü. d. M.; Asphalt, Maultierweg) geht es auf Feldwegen und schmalen Pfaden tendenziell bergab.

Einkehrmöglichkeiten: Unterwegs in allen Dörfern Tavernen und Kafenia

Anfahrt: Mit dem **Bus:** Georgeoúpolis liegt auf der Hauptroute Réthimno–Chaniá und wird von den Überlandbussen stündlich bedient. Zurück von Gavalochóri am bequemsten mit dem **Taxi**, das man sich aus Vámos (Tel. 28250/22202, mobil 6974317292) oder Georgeoúpolis (gleich beim Start Treffpunkt abmachen) bestellt. Umständlichere, aber preiswertere Alternative: Mit dem Nachmittags-Dorfbus Chaniá–Vámos von Gavalochóri zurückkehren und auf der Nordküsten-Schnellstraße in den Überlandbus umsteigen.

Sehenswürdigkeit: Volkskundemuseum in Gavalochóri

Ausgangsort ist **Georgeoúpolis**. Die »Georgsstadt« ist auf Kreta insofern einzigartig, als sie an einem richtigen, ganzjährig Wasser führenden und relativ tiefen Fluss liegt – und nicht an einem ausgetrockneten Flussbett, wie man sie sonst zuhauf auf der Insel findet. Der Ort wurde Ende des 19 Jh. unter der Schirmherrschaft des Prinzen Georg neu gegründet. Der Sohn des griechischen Königs war Hochkommissar von Kreta in der Periode der Unabhängigkeit 1898–1913. Damals war das Gelände

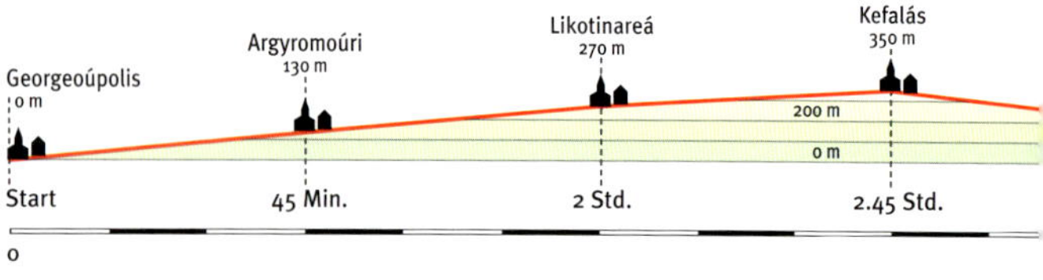

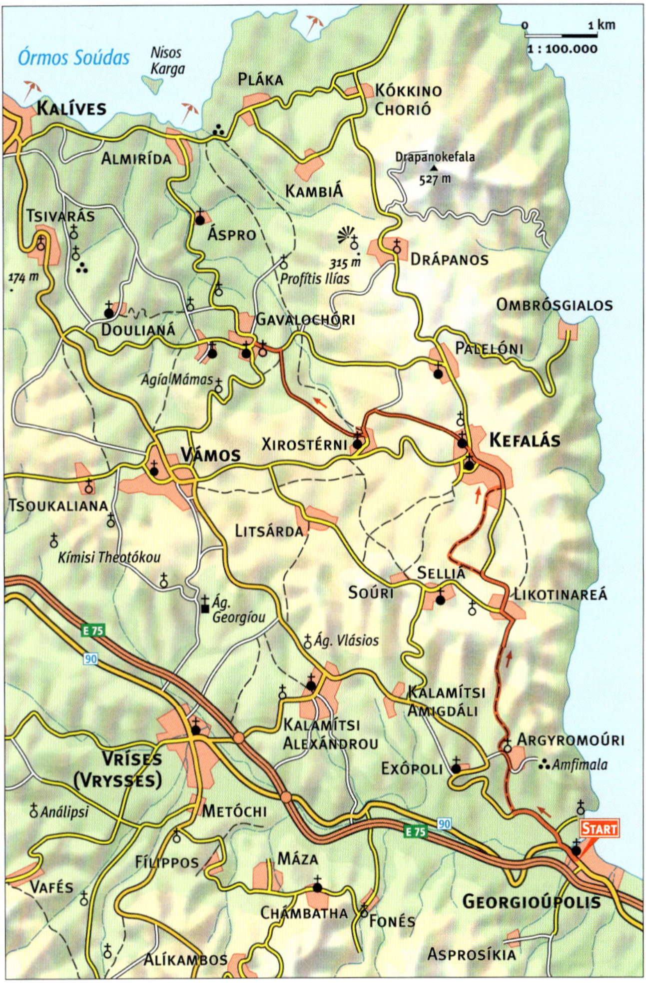

sumpfig, die Einwohner erkrankten häufig an Malaria. Deshalb wurden die himmelhohen Eukalyptusbäume gepflanzt, die heute das Ortsbild prägen. Sie entzogen dem Boden das Wasser und machten Georgeoúpolis erst bewohnbar. Heute ist Georgeoúpolis ein bedeutender Badeort, in dem in nahezu jedem Haus Zimmer vermietet werden.

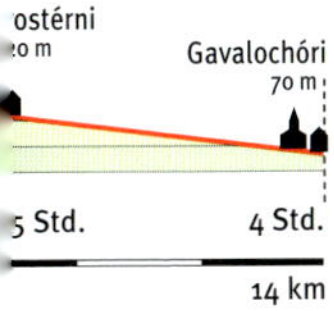

Wir gehen zum Hafen an der Flussmündung, überqueren die

Straßenbrücke und folgen der Asphaltstraße Richtung Vámos. Wir müssen diesen Asphaltabschnitt in Kauf nehmen, um zum Beginn eines Fußpfades bei Argyromoúri zu gelangen. Immerhin lassen sich einige Serpentinen auf Fußwegen abkürzen. An der Abzweigung der Stichstraße, die in dieses kleine Dorf über Georgeoúpolis führt, stehen einige Tavernen. Rechts neben der Taverne Panorama, die nach der Besitzerin auch Georgias Taverne heißt, nehmen wir einen Fahrweg, der zu einigen Häusern am Ortsrand von **Argyromoúri** (45 Min.) führt. An seinem Ende beginnt der Fußpfad hinauf nach Likotinareá, ein alter Maultierweg, dessen Pflasterung teilweise noch erhalten ist. Ein Holzschild mit Pfeil zeigt den Einstieg, Steinpyramiden und Markierungen lassen uns auch danach bis Likotinareá nie im Unklaren darüber, wie es weitergeht. Dieser erste Abschnitt der Wanderung ist relativ stark begangen, er ist Bestandteil eines beliebten Rundwanderweges, der über Selliá und Exópolis – dann leider meist auf Teerstraßen – zurück nach Georgeoúpolis führt. Kurz vor Likotinareá endet unser Pfad an einem Gatter. Wir gehen auf dem Wirtschaftsweg nach links bergauf und dann bergab ins Dorf.

In **Likotinareá** (2 Std.) angekommen, folgen wir der Dorfstraße nach rechts bis zu einer wunderbaren Aussichtsterrasse hoch über dem Meer. Bemerkenswert ist hier außerdem ein Fahnenmast mit Hammer und Sichel vor einer Gedenktafel mit dem Namen eines kommunistischen Widerstandskämpfers gegen die deutschen Besatzer im Zweiten Weltkrieg.

Wir verlassen Likotinareá auf der leicht ansteigenden Asphaltstraße nach Kefalás. 300 m nach dem Ort biegt in einer Rechtskurve unterhalb einer Stifterkirche nach links ein Feldweg ab, der eventuell durch eine leicht zu öffnende Pforte aus Baustahlgewebe versperrt ist. Wir folgen zunächst diesem Feldweg. Nach 150 m zweigt nach rechts bergauf ein stark überwucherter, von Feldmauern eingefasster Pfad ab, den wir ignorieren! Weitere 150 m später dagegen führt ein völlig gerader, breiter, nicht von Mauern eingefasster Ziegenpfad durch ein kleines Olivenfeld bergauf. Diesem folgend, erreicht man ein Plateau, auf dem der Pfad auf eine Erdstraße trifft, die von Kefalás hierher führt. Dieser Erdstraße folgen wir nach rechts, passieren einige Baustahlgewebepforten und erreichen den Ortsrand von **Kefalás** (2.45 Std.).

Wir folgen der Hauptstraße nach links zum großen Dorfplatz am Widerstandsdenkmal. Ein paar Meter weiter zweigen von der nach rechts abbiegenden Hauptstraße zwischen Dorfhäusern zwei Nebenstraßen ab. Wir folgen derjenigen Nebenstraße, die geradeaus weiterführt und als Schotter- und Erdpiste sanft abfallend das Dorf in unserer Gehrichtung verlässt. Nach einer knappen Viertelstunde halten wir uns bei einer Gabelung links. Etwa 5 Min. danach achte man auf den alten Maultierpfad nach Xirostérni, der bei einer sanften Rechtskurve unserer Piste nach links abzweigt. Bald kommt das Dorf in Sicht. Wir erreichen die Landstraße und gehen links nach **Xirostérni** (3.15 Std.) hinein. Wir müssen nun am Westrand dieses fast verlassenen kleinen Dorfes ein traditionelles Bauernhaus mit einer riesigen hässlichen Betonterrasse davor ausfindig machen. Hier mündet die alte Schotter- und

Hafen von Georgeoúpolis

Erdpiste von Gavalochóri ins Dorf. Alle Abzweigungen ignorierend, die Gehrichtung beibehaltend, gelangen wir auf ihr nach 30 Min. auf den Rücken eines Hügels. Links befindet sich, parallel zu unserem Weg, eine Schlucht, an deren Ausgang Gavalochóri liegt, rechts ein weites Tal. Der Weg führt sehr malerisch durch lichten Wald auf Gavalochóri zu, das bald unter uns im Tal erscheint. Wir umgehen den Ort entlang des Hanges zunächst rechts, treffen dann auf die Teerstraße, die von Paleloni her führt, und gehen auf ihr links bergab ins Dorfzentrum zur **Platia** von **Gavalochóri** (4 Std.) mit ihrem imposanten Widerstandsdenkmal.

Fischerei auf Kreta

Im Flusshafen von Georgeoúpolis liegen immer einige Fischerboote am Kai. Morgens kann man hier direkt bei den Fischern einkaufen oder zumindest in Augenschein nehmen, was da so angelandet wurde. Im Sommer, während der Touristensaison, in der Hauptnachfragezeit, ist die Ausbeute noch geringer als in der übrigen Jahreszeit.

Fisch wird in Griechenland in Kategorien eingeteilt, die mit den Buchstaben A bis D gekennzeichnet werden. D-Fisch ist der preiswerteste, A-Fisch der teuerste. Zum D-Fisch gehören kleine und Kleinstfische, die mit Netzen gefangen werden, wie zum Beispiel die *Sardella,* die *Marida* oder die noch kleineren *Atherinia,* die mit Gräten, Kopf und Schwanz gegessen werden. Zum A-Fisch gehören Edelfische wie *Fangri, Sargos* oder *Barbouni* und andere Barben, Brassen und Meeräschen.

Das traditionelle Gewerbe des Fischfangs steckt in einer Dauerkrise. Zwar ist die Nachfrage nach Fisch weiterhin groß, und entsprechend hoch ist das Preisniveau, doch die Fisch-bestände des Mittelmeers sind durch permanente Überfischung – im schlimmsten Fall durch Dynamit-Fischerei – stark dezimiert. Zum Bruttosozialprodukt Kretas trägt die Fischerei nur noch 1 % bei. Neben den hauptberuflich arbeitenden Fischern fahren auch viele Hobby-Kapitäne mit eigenen Booten hinaus aufs Meer.

Das typische Fischerboot (türk.-gr.: *Kaiki*) ist 6 bis 15 Meter lang und aus Zypressenholz gebaut. In den venezianischen Arsenalen im Hafen von Chaniá kann man die Arbeit auf einer einer Werft beobachten. Kunststoffschiffe sind zwar in der Anschaffung deutlich günstiger, dazu pflegeleichter und wegen des niedrigeren Gewichtes auch schneller, aber längst nicht so seetüchtig wie die schweren Holzkaikis.

Das typische Kaiki heißt *Trechandiri.* Es hat einen v-förmigen, spitz zulaufenden Bug und ein ebensolches Heck. Sein Ruderblatt ist außen angebracht und wird durch eine Pinne bewegt. Bis zu einer Länge von etwa 15 m lassen sich Kaikis mit der Pinne steuern. Größere Schiffe haben ein Steuerrad, von dem aus die Kraft mit Ketten oder auch hydraulisch auf das Ruder übertragen wird.

Die Fischereiflotte Westkretas liegt in Réthimno, Georgeoúpolis, Chaniá, Kisámos und Paleochóra. Die Besatzungen bestehen in der Regel aus Gastarbeitern, die im Verhältnis zu den Löhnen in ihren Heimatländern in der griechischen Fangflotte gut bezahlt werden. Für griechische Verhältnisse jedoch sind die Löhne niedrig, so dass Griechen selbst dort nicht arbeiten möchten. Besonders Ägypter haben auf griechischen Fischereischiffen angeheuert. Sie wohnen unter sehr einfachen Verhältnissen an Bord.

Gefangen wird mit drei Fangmethoden. Am ergiebigsten ist die Schleppnetz-Fischerei. Der Trawler (gr. *Tratta*) zieht sein engmaschiges Netz über den Meeresgrund und rasiert ihn kahl. Diese Art der Fischerei ist nur von Oktober bis Mai erlaubt. Daneben locken Tratta-Fischer die Fische mit starken Gaslampen an die Oberfläche, um sie anschließend mit einem trichterförmigen Netz einzusammeln. Echolote mit »Fischfinder-Funktion« helfen bei der Ortung der Schwärme.

Die zweite Fangmethode ist die Stellnetz-Fischerei. »Netzwände« werden oft kilometerweit ausgebracht. An der Wasseroberfläche werden sie von Auftriebskörpern, auf dem Meeresgrund von Bleigewichten gehalten. Die Enden des Netzes werden durch Bojen markiert, damit man sein Netz nach einigen Stunden auch wiederfindet. Je nach Maschenweite verheddern sich in der Nacht große und kleine Fische im Netz und werden frühmorgens eingeholt. Zum Einholen des schweren Netzes dienen große, hydraulisch betriebene Rollen aus Edelstahl, die man in Bugnähe auf den Fischerbooten in Augenschein nehmen kann.

Die dritte Fangart ist die Fischerei mit großen oder kleinen Angelhaken. Wer mit offenen Augen durch einen Fischereihafen geht, wird an Bord oder am Kai große Körbe mit einem Styropor-Rand ausmachen, in den sorgfältig Hunderte von Angelhaken samt Schnüre gesteckt sind. Diese aufgereihten Haken werden mit Ködern wie Netze oft kilometerweit ausgebracht. Mit den größten Haken und den dicksten Schnüren fängt man auf hoher See mächtige Schwertfische.

Professionell arbeitende Kaiki-Kapitäne haben Verträge mit Großhändlern aus den kretischen Städten oder aus Athen, die ihnen den gesamten Fang abnehmen. In der Touristensaison ist das Angebot an fangfrischem Fisch weit geringer als die Nachfrage. Auf den Fischständen liegt dann auch Meeresbeute aus Marokko, Algerien, Tunesien, der Türkei oder aus dem Roten Meer.

Kretas einziger Süßwassersee

Von der Krapis-Ebene zum Kournás-See

Die Krapis-Ebene ist eine typisch kretische Schwemmland-Hochebene. Wir gehen ein Stück auf dem alten Saumpfad, der von der Südküste über die Berge nach Alíkambos führt. Ziel der Wanderung ist der Kournás-See, eine der großen Natursehenswürdigkeiten Kretas.

DIE WANDERUNG IN KÜRZE

++ Anspruch

4 Std. Gehzeit

12 km Länge

Charakter: Mittelschwer; steinige, an manchen Stellen kaum erkennbare Fußpfade wechseln mit bequemen Fahrwegen ohne Verkehr. Anspruchsvoll und für stark Schwindelanfällige problematisch ist der steile Abstieg zum See. Nicht durchgehend markiert.

Einkehrmöglichkeiten: Zu Beginn der Wanderung in der Taverna Krapis, am Ende in den Tavernen am Kournás-See

Anfahrt: Mit dem **Bus:** Bus ab Chaniá Mo–Sa ca. 8.30 Uhr Richtung Chóra Sfakíon bis zur Taverne Krapis. Wer von Georgeoúpolis oder Réthimno kommt, nimmt einen passenden Bus nach Chaniá – im Stundentakt – und steigt in Vrysses um. Ab Kournás-See fährt der Dorfbus gegen 14.30 zurück nach Georgeoúpolis und Chaniá. Man hat so für die Wanderung knapp 5 Std. Zeit. (Ein weiterer Bus nach Chóra Sfakíon verlässt Chaniá ca. 11 Uhr. Dann erreicht man den Bus ab See jedoch nicht und muss zur Hauptstraße Rhéthimno–Chaniá laufen.) Mit dem **PKW:** Man lässt das Auto am besten in Georgeoúpolis stehen und fährt mit dem Bus über Vrysses nach Krapis. So kann man vom See in einer knappen Stunde auf der Teerstraße nach Georgeoúpolis zurücklaufen und ist unabhängig vom Mittagsbus, der um ca. 14.30 fährt.

Die Tour beginnt bei der allein stehenden **Taverna Krapis** auf einer Hochebene. Hier feiern Sfakioten gern ihre Hochzeiten und Taufen und laden dazu Hunderte von Menschen ein. Noch vor wenigen Jahren schossen die Männer zur Feier des Tages mit ihren Gewehren Salven in die Luft. Heute ist dieser alte Brauch streng verboten. Gegenüber der Taverne erinnert ein unscheinbares Monument aus Beton an die Befreiungskriege gegen die osmanische Herrschaft von 1770 bis 1895.

Wir folgen zunächst der Hauptstraße 300 m bergauf Richtung Sfakiá. Vor der nächsten Haarnadelkurve zweigt ein Feldweg nach links in nordöstlicher Richtung ab. Er endet nach ca. 5 Minuten bei einigen

Schafställen. Man achte beim Gehen auf diesem Feldweg auf den 693 m hohen Hügel recht voraus mit gleichmäßig sanft gerundeter Kuppe. Er gehört zu einer Bergkette, die die Krapis-Ebene umschließt. Links unterhalb dieses Hügels werden wir über einen Sattel das Krapis-Tal verlassen und ins Dafnokorfes-Tal gehen. Nach den Schafställen setzt sich unser Weg zum Sattel als Ziegenpfad fort. Man lasse sich durch Verzweigungen nicht beirren, halte die nordöstliche Richtung bei und gehe genau in der Talsohle weiter. Hier weitet sich der steinige Ziegenpfad zum Maultierpfad. Wir befinden uns auf dem alten Verbindungsweg von der Süd- zur Nordküste. Ca. 30 Minuten nach Beginn der Wanderung erreichen wir ein kleines Plateau. Unser Pfad führt jetzt links weiter bergan zum **Sattel** (45 Min).

Auf der Höhe dieses Sattels achte man unbedingt auf die genaue Uhrzeit: Man braucht sie, um die Abzweigung zum Kournás-See nicht zu verpassen, denn der Hauptpfad führt hinunter ins Dorf Alíkambos, in das wir ja nicht wollen. Je nach Gehtempo 7–10 Minuten nach dem Sattel gabelt sich der Pfad. Eventuell wird man die Abzweigung nicht auf Anhieb erkennen und muss kurze Irrwege in Kauf nehmen. Man geht richtig, wenn kurz nach der Gabelung die rot-weißen Antennen des 693 m hohen Dafnokorfes-Berges ziemlich genau in Marschrichtung ins Blickfeld kommen. Man achte jetzt auf den Fahrweg unterhalb des Antennenberges, der das weite Dafnokorfes-Tal, von Alíkambos her kommend, in voller Länge durchquert. Auf diesem Schotterweg werden wir das Dafnokorfes-Tal verlassen und an seinem Ende auf einem schmalen Pfad zum See absteigen.

Kurz nachdem der Antennenberg in Sicht gekommen ist, stoßen wir auf rostige Zaunreste und 20 m danach auf einen Baustahlgewebezaun, der den Weg versperrt. Wir müssen diesen Zaun, der zu einem verlassenen *Mitáto* gehört, rechts umgehen. Dieses verlassene Mitáto ist dann schnell erreicht. Jetzt können wir auf einem Erdweg ins Tal absteigen und erreichen den erwähnten Schotterweg. Wir gehen rechts weiter und kommen am Tal-Ende an einigen hässlichen Betonställen und an einem auffälligen Aluminium-Silo vorbei. Ca. 700 m nach diesem Silo muss man bei einer **Kreuzung**, an der eine Kermes-Eiche steht, nach rechts abbiegen. Auf einem befahrbaren Erdweg verlassen wir bald darauf das Dafnokorfes-Tal über einen Sattel und gehen oberhalb eines theaterförmigen Hanges weiter. Wenige hundert Meter weiter erreichen wir ein bewohntes Mitáto an einer Abbruchkante. Jetzt endlich kommt unter uns der grünlich schimmernde Kournás-See in Sicht.

Von diesem **Aussichtspunkt** mit erstem Seeblick (2 Std.) führt unser

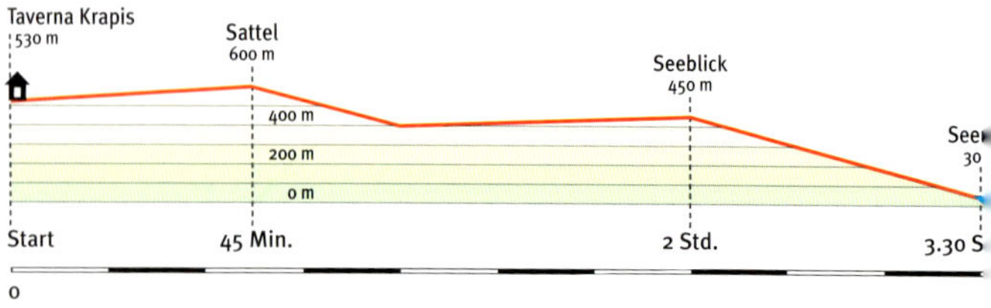

Fahrweg in Serpentinen noch ein Stück bergab und endet an einem Stall, der zum »Seeblick-Mitáto« gehört. Beim Abstieg zu diesem Stall müssen wir auf eine kreisrunde, wiesenartige **Hochebene** ca. 50 Höhenmeter rechts unter uns achten, deren Durchmesser etwa 80 m beträgt. Dorthin führen ca. 50 m vor dem Stall verschiedene, sich verfransende Ziegenpfade durch fast mannshohes Brandkraut. Ist diese wiesenartige Hochebene erreicht, trifft man dort, wo ihr Regenwasser abfließt, auf den schmalen und sehr steilen Fußpfad zum See hinunter. Der Weg ist markiert, trotzdem rechne man gegen Ende, kurz bevor man auf verlassene Häuser unweit des See trifft, damit, dass man nicht die optimale Pfadvariante findet und sich den Weg erst durch Gebüsch bahnen muss. Aber keine Angst – das Gebüsch ist keinesfalls undurchdringlich. Ziegen haben sich auch hier als Wegbahner verdient gemacht.

Hat man die verlassenen Häuser unweit des **Seeufers** erreicht (3.30 Std.), gestaltet sich der Weiterweg

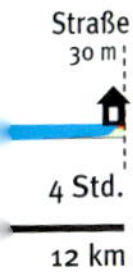

Der Kournás-Sees: ein Trinkwasser-Reservoir umgeben von üppiger Natur

leicht. Wir können auf einem bequemen Fahrweg den See links umrunden, hin zu den Tavernen an der Nordseite des Sees. Kurz bevor wir die **Asphaltstraße Georgeoúpolis–Kournás-See** (4 Std.) erreichen, versperren Zäune den Weg. Hier kollidieren die Interessen der Wanderer, die zur Hauptstraße und zu den Tavernen am See streben, mit den Interessen der Hirten nach fest verschlossenen Koppeln. Man achte deshalb hier besonders sorgfältig darauf, alle Gatter wieder gut zu verschließen.

Der Kournás-See

Bei Georgeoúpolis findet sich Kretas einziger Süßwassersee. Er liegt außerordentlich reizvoll beim Dorf Kournás. Sein Name leitet sich vom arabischen Wort *Kourná* her, was »See« bedeutet. Dass die Nordseite der Weißen Berge hier besonders wasserreich ist, beweist außerdem in der Nähe der größte Fluss Kretas, der ganzjährig Wasser führt und bei Georgeoúpolis ins Meer fließt.

Der Kournás-See ist ca. 1,4 km^2 groß. Seine durchschnittliche Wassertiefe beträgt ca. 20 m, seine tiefste Stelle liegt 40 m unter der Seeoberfläche. Im See sammeln sich die Wasser, die in der Regenzeit von den Bergen herabfließen, die den See zu etwa zwei Dritteln umgeben. Zudem wird er durch unterirdische Quellen gespeist, bei denen unter Druck stehendes Wasser aus dem Untergrund nach oben austritt – ein typisches Karstphänomen. Der Haupt-Quelltopf wird von den Einheimischen »Auge des Sees« genannt. Diverse Schwundlöcher sorgen dafür, dass der See nicht überläuft.

Im klaren, mal grün, mal blau schimmernden Gebirgswasser des Sees leben Aale und einige andere Fischarten, außerdem die Kaspische Wasserschildkröte und die (ungiftige) Würfelnatter, die fast einen Meter lang wird. Die Ufer des Sees sind naturbelassen und von Schilf und Mönchspfeffersträuchern umstanden. An den Steilufern wächst die Graue Ulme. Nur an der Nordseite ist das Seeufer touristisch erschlossen. Hier stehen zwei nette Gartentavernen, die auch Zimmer vermieten. Weitere Tavernen befinden sich oberhalb des Ufers an der Asphaltstraße. Das Baden im See ist offiziell nicht erlaubt, weil der Kournás-See als Trinkwasserreservoir benutzt wird.

Der alte Verbindungsweg

Von Lákki nach Omalós

Vom Bergdorf Lákki an der Nordseite der Weißen Berge geht es auf einem schmalen alten Hirtenpfad durch eine Schlucht und durch ein Tal steil bergauf zum Omalós-Plateau. Nach dem Anstieg über 700 Meter kann man sich in einer der Tavernen des Zielortes Omalós mit einem köstlichen traditionellen Gericht belohnen.

DIE WANDERUNG IN KÜRZE

+++ Anspruch

5 Std. Gehzeit

700 m Anstieg

Charakter: Anspruchsvoll: ein anstrengender Aufstieg auf einem zum Teil stark überwucherten alten Verbindungsweg. Im ersten Teil der Wanderung gehen wir in einer Schlucht, später ein kurzes Stück auf einem Feldweg. Zum Schluss folgt ein steiler Aufstieg, der in einen gut zu gehenden Maultierweg mündet. Gesamtlänge: 10 km

Markierung: Spärlich mit roten Punkten und einigen Pfeilen

Ausrüstung: Wegen der stacheligen Überwucherungen des Pfades sollte man lange Hosen aus dickem Stoff tragen.

Wasser: Im Sommer viel Wasser mitnehmen.

Einkehrmöglichkeiten: Tavernen und Kafenia in Lákki und Omalós

Anfahrt: Mit dem **PKW:** Man lässt das Auto am besten morgens in Omalós oder in der Nähe des Omalós-Passes stehen und kehrt mit einem der Samariá-Schlucht-Busse zurück nach Lákki.
Mit dem **Bus:** Morgens ab Chaniá nach Lákki, am frühen Nachmittag zurück ab Omalós.

Hinweise: Die Wanderung in umgekehrter Richtung ist natürlich einfacher! Die Markierungen sind jedoch so angebracht, dass man sie nur beim Anstieg ausreichend wahrnehmen kann.

Bevor es losgeht, achte man auf das moderne bronzene Widerstandsdenkmal auf einer Terrasse an der **Platia** von **Lákki**. In Form einer lodernden Flamme gruppieren sich drei Kreter in ihrer traditionellen Tracht übereinander. Der unterste trägt den mittleren, der mittlere den obersten auf den Händen. Gegenüber dem Denkmal, am südlichen Rand der Platia, links neben der Taverna Nikolas, führen Betonstufen ins Tal, die nach wenigen Metern in einen schmalen Pfad münden, der am Hang entlang bergab führt. Kurz nach der Platia kann man den weiteren Verlauf unserer Wanderung gut überblicken. Unser Hangpfad führt in 200 m Entfernung zu einem gelblichen Gebäude, dem alten Schlachthof. Von hier aus führt ein Fahrweg zum Ortsteil Papadiana, der einen knappen Kilometer entfernt im Südwesten von Lákki liegt. Links unterhalb des Ortsteils Papadiana erkennen wir, dass drei Schluchten in einem gemeinsamen Bachbett zusammentreffen. Dieses Bachbett ist unser erstes Ziel. Von dort aus werden wir ansteigend derjenigen Schlucht folgen, die nach Süden führt.

Wir gehen zunächst am alten Schlachthof vorbei und folgen dem Fahrweg nach **Papadiana.** Vor dem ersten Haus dieses Ortsteils fließt ein Bächlein, das im Sommer ausgetrocknet ist, links den Hang steil hinunter. An dieser müllübersäten Stelle zweigt ein manchmal nur undeutlich zu erkennender Fußpfad ab, der uns zwischen uralten Olivenbäumen in zahlreichen Kehren steil hinunter zum Treffpunkt der drei eben erwähnten Schluchten bringt. Ist das **Schluchtbett** erreicht (30 Min.), achten wir darauf, diejenige Schlucht zu erwischen, die genau nach Süden führt. Unser Pfad beginnt an der orographisch linken Seite des Baches, der Bach bleibt also zu Beginn zu unserer Linken. Nach wenigen Minuten wechseln wir auf die andere Seite und erreichen ein verfallenes Stallgebäude. Im Folgenden geht es auf einem teilweise stark überwucherten Pfad, der oft nur als Trittspur erhalten ist, relativ steil und mühselig, immer der Schlucht folgend, mal rechts, mal links des Trockenbaches bergauf. Kleinere Katarakte werden dabei umgangen.

Nach 2.15 Std. erreichen wir eine **Schluchtverzweigung**. Auch unser Trockenbach teilt sich hier. Wir müssen den an dieser Stelle gut erhaltenen alten Verbindungsweg verlassen und in das rechte Tal hinein weiter bergan steigen. Es geht jetzt nicht mehr so steil aufwärts. Die Waldvegetation der Schlucht hat aufgehört, im Weiteren gehen wir durch ausgedehnte Brandkraut-Wiesen und halten uns in der Nähe des Talgrundes. 20 Min. nach der Schluchtverzweigung folgen wir der Talbiegung nach links und erblicken nun links oben am Hang die Bresche eines Feldweges und eine Betonzisterne an seinem Rand, unterhalb eines auffälligen Felshügels. An dieser Betonzisterne trifft unser Pfad auf den **Feldweg** (3.15 Std.).

Wir folgen ihm nach links und achten einige hundert Meter später auf eine weitere Zisterne am Wegrand, die aus Natursteinen gebaut ist. 200 m nach dieser Zisterne führt entlang eines Sturzbachbettes ein schmaler Fußpfad rechts den Steil-

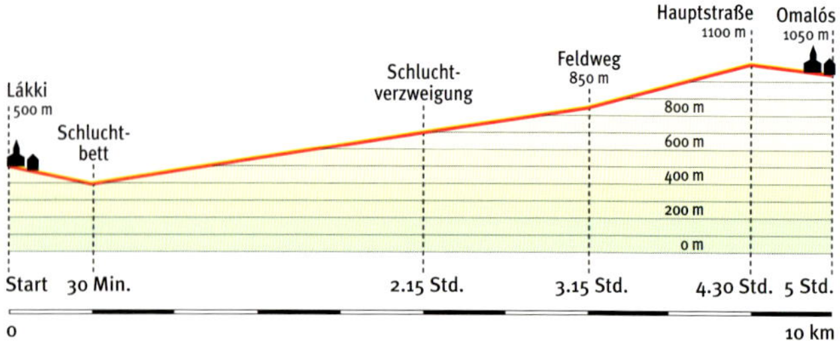

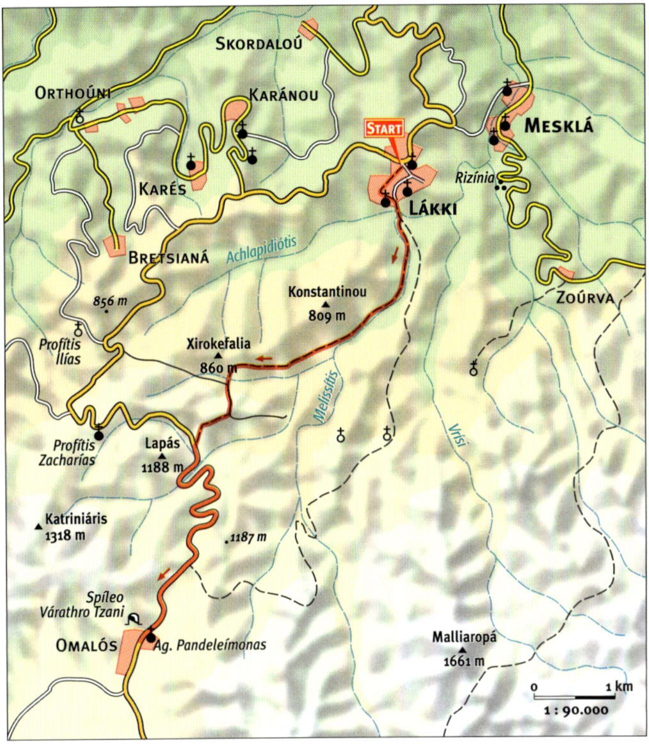

hang hinauf. Wir müssen hier auch einige weglose Passagen überwinden, rote Punkte helfen dabei. Durch ein enges, mit Zypressen bestandenes Tal erreichen wir bald darauf winzige Wirtschaftsflächen.

Jetzt geht es nicht mehr so steil bergan, der Pfad wird breiter und besser. Bald hören wir Fahrgeräusche von Autos, die Asphaltstraße zur Omalós-Ebene ist nicht mehr weit. Bei einer Betonzisterne und einem Ikonostasion mit Kirchenmodell treffen wir auf die **Hauptstraße** (4.30 Std.), die von Chaniá nach Omalós führt. Damit ist die Wanderung im Grunde beendet. Wir können hier auf den Bus warten oder bergab auf der Straße in die Omalós-Ebene hinabgehen. Beim Abstieg achte man auf ein interessantes geologisches Phänomen der kretischen Karstlandschaft: Das Regenwasser der Omalós-Ebene fließt nicht als Bach in eine Schlucht ab, sondern versickert in einem riesigen Schwundloch rechts unterhalb der Straße.

Im Dorf **Omalós** (5 Std.) gibt es mehrere gute Tavernen. Hier sollte man die Gelegenheit nutzen und eine Spezialität aus Ziegenfleisch probieren: *Tsingaliasto*, ein Gulasch aus zartestem Fleisch ohne Knochen.

Auf der unbewohnten Halbinsel

Rundwanderung von Rodopós zur Kirche Ágios Ioánnis Giónis

Wie die Löffel eines Hasens ragen die unbewohnten Halbinseln Gramvoúsa und Rodopou in das blaue Meer. Die Rundwanderung führt durch eine karge Landschaft, in der nur Schafe und Ziegen ihr Leben fristen. Herrliche Ausblicke auf Land und Meer machen den Reiz dieser Tour aus.

DIE WANDERUNG IN KÜRZE

+++ Anspruch

5 Std. Gehzeit

18 km Länge

Charakter: Lange, schattenlose, bei starker Sonnenstrahlung anstrengende Wanderung auf Fahrwegen und Pfaden. Die Orientierung ist einfach.

Einkehrmöglichkeiten: Kafenia mit Essmöglichkeiten an der Platia von Rodopós

Anfahrt: Am besten mit dem **Auto:** Von Kisámos bzw. Chaniá über die E75. Nach dem Abzweig ca. 5 km bis Rodopós. **Mit Bus und Taxi:** Die Überlandbusse Kisámos–Chaniá halten in Kolymbari, wo man in einem der Restaurants nach einem Taxi fragt. Der Ausgangspunkt der Tour, Rodopós, ist von Kolymbari 7,2 km entfernt. Mo–Fr gegen 13.15 fährt ab Chaniá der Dorfbus, der gegen 14 Uhr in Rodopós eintrifft.

Sehenswürdigkeiten: Kloster Gonia in Kolymbari mit wertvoller Ikonensammlung.

Wir verlassen die sympathische Platia von **Rodopós** auf der Straße, die das Dorf nach Norden hin verlässt. Die große Kirche, die wir dabei zur Rechten lassen, ist ein guter Orientierungspunkt, um die Platia bei der Rückkehr aus einer anderen Richtung wiederzufinden.

Nach Verlassen des Dorfes wird die Teerstraße alsbald zu einer Schotterstraße. Sie führt bis in den Norden der Halbinsel und endet am antiken Heiligtum der Diktynna, einer minoischen Fruchtbarkeitsgöttin. Vereinzelt kommen Weinfelder vor, vorherrschend ist jedoch karges

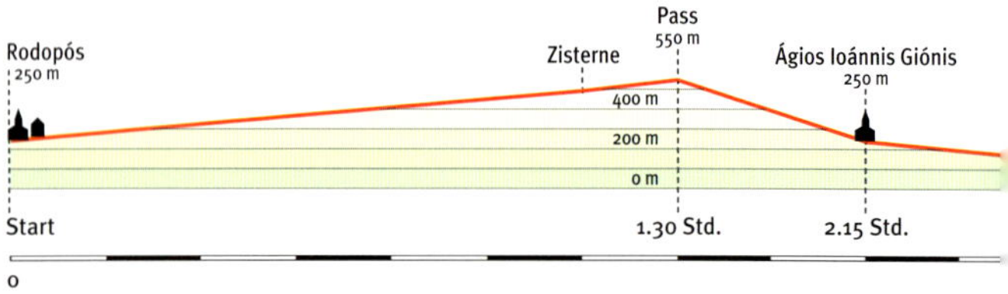

Weideland. Die unbewohnte Halbinsel gilt als »Important Bird Area«. Hier nisten Wanderfalken und Habichtsadler.

Die ersten 6 km der Wanderung auf dieser Schotterstraße sind recht eintönig. Hin und wieder überholen uns Viehzüchter mit ihren japanischen Kleinlastern und Mietwagenfahrer, die zum Diktynnaion wollen. Wenige Minuten nach dem Dorf zieht sich die Schotterstraße in einigen Kehren den Hang hinauf. Hier können wir auf einem steinigen Pfad abkürzen.

Wir ignorieren alle Abzweigungen, bis wir nach 1.15 Std. bei einem wenig ausgeprägtem Trockenbachtal rechts der Straße auf eine Viehtränke aus Beton treffen. Da es längs der Straße mehrere dieser Anlagen gibt, achte man auf die richtige **Zisterne**: Sie besitzt zwei Deckel, und unweit von ihr steht ein Schild mit

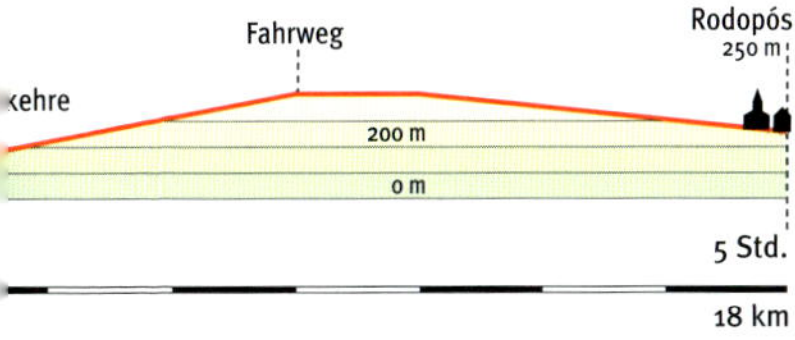

der Aufschrift: »Ágios Ioánnis Giónis«. Es gilt für Autofahrer, die wenige hundert Meter weiter links abbiegen und bis vor die Kirche fahren können.

Wanderer verlassen an dieser Zisterne den Schotterweg nach links und nehmen einen schmaleren, zerfurchten und steinigen Weg , der 1–2 Minuten später einen Fahrweg kreuzt und nach weiteren 3 Minuten bei einer T-Kreuzung nach rechts und dann gleich wieder links nach Westen führt. Schnell ist der **Pass** (1.30 Std.) erreicht. Wir können jetzt unter uns die Ioánnis-Kirche mit ihrem ummauerten, baumbestandenen Garten erkennen – ein hübscher Tupfer in der einsamen Felslandschaft. Weit im Westen winken die Gipfel der Gramvoúsa-Halbinsel. Wir passieren ein hübsches Ikonostasion mit einem Kirchenmodell aus Blech und gehen nun ohne Orientierungsschwierigkeiten auf einem steinigen Pfad in Kehren steil bergab. Wir erreichen die Kirche **Ágios Ioánnis Giónis** (2.15 Std.) und können im Garten unter einem Schatten spendenden Baum unser Picknick verzehren. Auch Toiletten sind vorhanden.

Den Rückweg treten wir auf der Schotterstraße an, die von Rodopós hierher und weiter zur Ágios-Pávlos-Kapelle führt. Wir gehen nach Süden. Bald kommt Kisámos in Sicht, und bald darauf rechts unter uns die kleine weiße Ágios-Pávlos-Kapelle in Meeresnähe. 20–30 Min. nach Verlassen der Ioánnis-Kirche biegt unser abwärts führender Schotterweg in einer Spitzkehre scharf nach rechts. Hier jetzt aufpassen: Im Scheitel die-

Ziegen – kein seltener Anblick auf der Halbinsel Rodopou

ser **Spitzkehre** (2.45 Std.) beginnt ein mit Steinmännchen und roten Punkten markierter Pfad, der zuerst leicht, dann steil ansteigend den Hang entlang zu einem Fahrweg führt. Dies ist der anstrengendste Teil der Wanderung, zumal wenn die Sonne hoch steht. Hin und wieder bieten einige Bäume und Felsstücke Schatten. Wenig unterhalb der Kammlinie treffen wir auf einen **Fahrweg** (4 Std.), dem wir nach rechts bis Rodopós folgen können. Wir lassen dabei alle Abzweigungen unbeachtet. Ein Weinfeld, das wir umgehen, kündigt Rodopós an, wenig später kommen die ersten Häuser in Sicht. Beim Sportplatz können wir einen Abkürzungspfad nehmen. Wir orientieren uns an der zu Anfang erwähnten Kirche, um im Häusergewirr von **Rodopós** die Platia zu finden (5 Std.)

Das große Heiligenfest von Ágios Ioánnis Giónis

Wie eine Oase in der Wüste steht die kleine Kirche mit ihrem ummauerten Garten in einem offenen Gelände, das zum Meer hin durch einen Bergsattel geschützt ist. Der Beiname »Giónis« leitet sich von der Gegend her, die Gkiona heißt. Die Kirche ist Johannes dem Täufer geweiht, an dessen Enthauptung man sich in der orthodoxen Welt am 29. August erinnert. Johannes, der als Eremit am Jordan lebte und Jesus taufte, gilt als »Vorläufer« (gr. *Prodromos*) Jesu und als Vorbild für das asketische orthodoxe Mönchtum. Am 28. und 29. August findet hier eines der größten und beeindruckendsten kretischen Heiligenfeste statt. Zu diesem *Panigyri* (das Wort stammt aus dem Altgriechischen und bedeutet »Feier«) kommen Tausende Kreter. Sie trudeln meist im Verlauf des 28. August ein. Seit der Fahrweg bis zur Kirche fertig ist, kommen die meisten mit dem Auto. Nur noch wenige nehmen, auch in Gedenken an die Leiden Johannes des Täufers, den gut zweistündigen Fußweg ab Rodopós in Kauf. Von den Teilnehmern wird erwartet, dass jeder Essen und Trinken mitbringt und den anderen davon abgibt. Auch die Kirche beteiligt sich an dieser Massenspeisung. Dazu hört man Lyra-Musik. Fast alle haben Decken oder Schlafsäcke dabei, um nach der Feier im Freien die Nacht zum Festtag am 29. August zu verbringen. Am 29. August wird dann in Gedenken an die Enthauptung Johannes' gefastet. Nur Oliven und Brot darf man zu sich nehmen. An diesem Tag lassen Kreter in der Kirche gerne ihre Kinder taufen.

Tour 9

Durch den Erdbeerbaum-Wald

Von Sásalos nach Aligí

Südlich des abgelegenen Dorfes Sásalos liegt in einem Tal ein sonst selten vorkommendes Stück grünes Kreta. Ein schmaler, schattiger Pfad führt durch dichten Erdbeerbaum- und Baumheidewald entlang eines ganzjährig Wasser führenden Baches von Sásalos zur Landstraße bei Aligí.

DIE WANDERUNG IN KÜRZE

++ Anspruch

2.30 Std. Gehzeit

9 km Länge

Charakter: Mittelschwere Wanderung auf einem Fußpfad, zu Anfang und am Ende auch auf Feldwegen. Man rechne damit, dass beim Begehen des schmalen Waldpfades Zweige am Pfadrand das Vorankommen erheblich erschweren. Nach starken Regenfällen muss man zudem darauf gefasst sein, bei den Bachüberquerungen die Schuhe ausziehen zu müssen.

Anfahrt: Mit dem **PKW:** Mietwagenfahrer müssen nicht den selben Weg nach Sásalos zurückgehen, sondern können einen weiten Rundweg wählen (siehe Hinweis am Ende der Tourenbeschreibung). **Bus nach Sásalos:** Der Dorfbus fährt um 14 Uhr ab Chaniá nach Sásalos und morgens um 7 Uhr zurück. **Bus zurück von Aligí:** Gegen 12.45 Uhr mit dem Bus Kisámos–Paleochóra zur Hauptstraße Paleochóra–Nordküste fahren und dort umsteigen in den Bus Paleochóra– Chaniá. Dies kann alles in allem lange dauern. Unbedingt vorher die Busfahrpläne prüfen! Ab Sásalos kommt man am selben Tag nicht mit dem Bus zurück, sondern muss ggf. ein Taxi bestellen.

Die von Kisámos oder Chaniá her kommende Landstraße nach **Sásalos** endet vor dem Dorf am Wendeplatz des Dorfbusses. Nach links führt ein Fahrweg nach Floria zur Hauptstraße Paleochóra–Chaniá. Wir

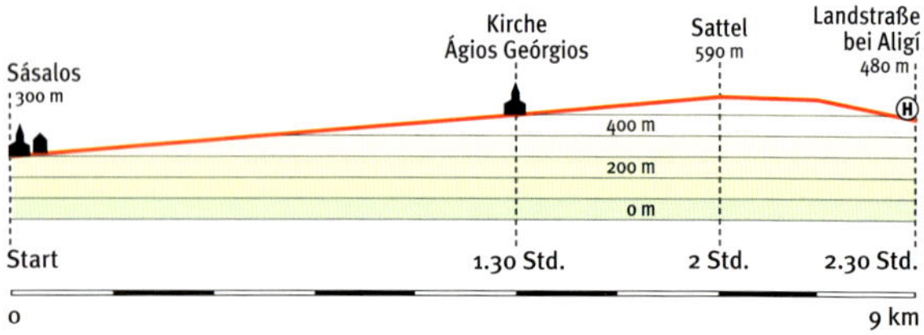

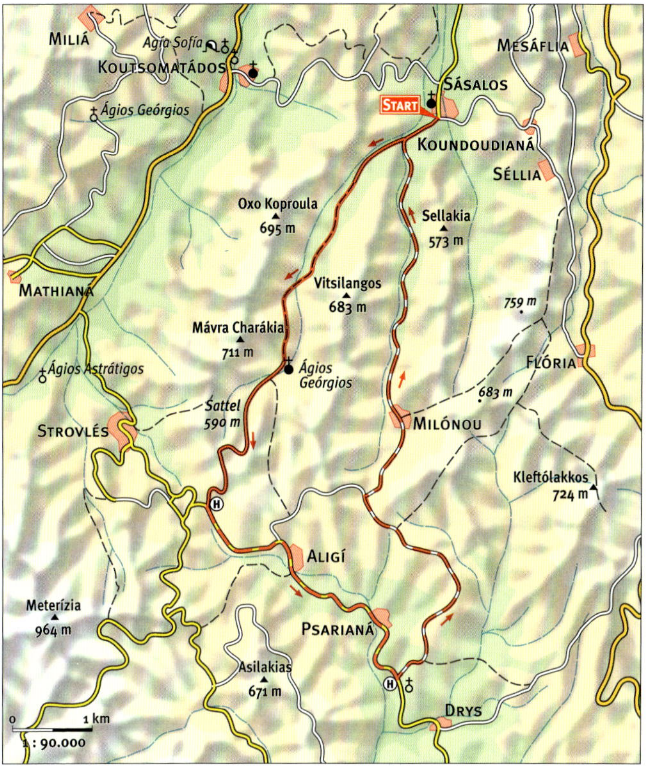

aber gehen rechts über die Bachbrücke und nehmen 40 m später einen schmalen Fahrweg, der rechts nach Westen abzweigt, sich durch ein paar Häuser windet und über einen zweiten Bachlauf zur Dorfkirche von Sásalos führt. An der Kirche angekommen, gehen wir gegen die Fließrichtung nach Süden.

Bald entfernt sich unser Feldweg vom Bach und führt durch Olivenhaine am Friedhof vorbei. Hier halten wir kurz inne, um die künftige Wegführung zu verstehen. Vor uns, im Süden, treffen zwei Täler zusammen. Die beiden Bäche, die wir in Sásalos überquert haben, stammen aus diesen Tälern. Sie werden später in der Sásalos-Schlucht zusammengeführt. Wir werden im rechten Tal, immer entlang des Baches, gehen. Wer – wie oben als Möglichkeit angeführt – über Drys und Milónou zurückkehren möchte, wird im linken Tal Sásalos wieder erreichen.

Unser Feldweg nähert sich bald wieder dem Bach, wir bleiben für fast eine Stunde auf der in Fließrichtung linken Seite des Baches. Der Feldweg passiert einige Gatter und wird schließlich zum schmalen Fußpfad. Jetzt beginnen die roten Markierungen. Der Pfad führt durch

Üppig und abwechslungsreich zeigt sich die Natur südlich von Sásalos

dichten Erdbeerbaum- und Baumheidewald und wird teilweise zum oben ganz verschlossenen Hohlweg. Etwa eine Stunde nach dem Aufbruch in Sásalos überqueren wir das erste Mal den Bach und werden dies noch ein paar Mal wiederholen. Wenn der Bach nicht durch starke Regenfälle angeschwollen ist, sind die Bachüberquerungen leicht zu bewerkstelligen.

Kurz vor der Stifterkirche Ágios Giórgios weitet sich unser Fußpfad zum Weg, nach 1.30 Std. ist **Ágios Giórgios** erreicht. Hierhin führt von Süden her über einen Sattel ein Schotter- und Erdweg, dem wir immer weiter in die Sohle unseres Tales folgen. Vorbei an einem langen Schafstall erreichen wir so schließlich den **Sattel** (2 Std.). Er eröffnet uns schöne Blicke auf die im Vergleich zu unserem grünen Tal recht karge Landschaft Südwestkretas. Nach dem Sattel geht es bergab. Wir kommen an einem Olivenfeld vorbei und halten uns hier bei einer Gabelung links. Unten im Tal kommt jetzt auch die Asphaltstraße in Sicht. Vor einem niedrigen Hügel stoßen wir dann auf eine Kreuzung. Wir gehen links zur **Landstraße bei Aligí** hinunter (2.30 Std.)

Rundweg-Variante

Mietwagenfahrer, die ihren Wagen in Sásalos geparkt haben, müssen nicht auf demselben Weg zurück in den Ort gehen, sondern können folgenden Rundweg wählen. Wenn man gegen 9 Uhr in Sásalos aufbricht, erreicht man bequem den Überlandbus, der von Mai bis Oktober, wenn die Samariá-Schlucht geöffnet ist, um 12 Uhr ab Kisámos über Aligí nach Paleochóra fährt und am Endpunkt der Wanderung gegen 12.45 Uhr vorbeikommt. Man steigt dann nach 5 km an der auffälligen Kirche vor Drys aus und nimmt dort den Fahrweg, der über Milónou zurück nach Sásalos führt. Wer sich entschließt, auf dieser Landstraße zu laufen, kann bereits bei Aligi nach Milonou abbiegen, geht dann allerdings auf Teer.

Baumheide und Erdbeerbaum

Baumheide und Erdbeerbaum gehören zusammen mit Mastixstrauch und Terpentinpistazie zu den wichtigsten Vertretern der mediterranen immergrünen Macchie. Die **Baumheide** *(erica arborea)* ähnelt unserem Heidekraut, ragt aber oft meterhoch empor. Ihre kleinen, hellviolett gefärbten, kugeligen Blüten hängen wie Glöckchen an schuppigen Zweigen. Das fein gemaserte und sehr harte Wurzelholz der Baumheide dient zur Herstellung von Würfeln und Pfeifen (Bruyère-Holz, von franz. *bruyère* = Heide). Denn dieses Holz ist wegen seines hohen Gehalts an Kieselsäure schwer brennbar. Aus Baumheide gewann man seit der Antike Honig (»Heidehonig«) und ein Allheilmittel gegen Schlangenbisse.

Zu den Erikagewächsen gehört auch der **Erdbeerbaum**, den es in zwei Arten gibt. Der westliche Erdbeerbaum *(arbutus unedo)* wächst vor allem im westlichen Mittelmeerraum. In Griechenland tritt der östliche Erdbeerbaum *(arbutus andrachne)* an seine Stelle. Die Bezeichnung »Baum« ist jedoch übertrieben. Arbutus wird normalerweise nur 1–3 m hoch. Nur wenige Exemplare, meist in der Nähe von Bachläufen, erreichen Baumhöhen. Beide Arten haben eine rötliche Rinde und gelbliches Holz. Wie Maiglöckchen hängen kleine weiß-rosa Blüten in Rispen herunter. Im Herbst erscheinen Blüte und Frucht nebeneinander.

Die an Erdbeeren erinnernden gelblichen und rötlichen Früchte sind essbar, schmecken aber trocken und fad. Im westlichen Mittelmeerraum macht man aus ihnen einen Likör. Der lateinische Artenname »unedo« geht auf die »Naturalis historia« des römischen Naturkundlers Plinius (1. Jh. n. Chr.) zurück: *unum tantum edo,* »nur eine esse ich«. Wer diese Regel nicht beherzigt, muss mit Magengrummeln und Übelkeit rechnen.

Verbrechen der Wehrmacht

Auf den letzten Kilometern führt die Fahrt nach Sásalos oberhalb der tiefen Chalase- oder Sásalos-Schlucht entlang, die in Sásalos endet. Man kann sie bis Maláthiros oder Voulgáro durchwandern.

In Maláthiros achte man auf das Denkmal, das an den 28. August 1944 erinnert. Damals verwüstete die Wehrmacht die Häuser und erschoss als »Sühnemaßnahme« 61 Männer des Dorfes. Der älteste war 74 Jahre alt, 13 Jahre die beiden jüngsten Opfer. Diese Untaten stellen wie die von Anogia oder Kandanos eines der vielen Kriegsverbrechen dar, die die Wehrmacht auf Kreta begangen hatte.

Höhle, Schluchten, Dörfer

Von Koutsamatádos durch die Topólia-Schlucht nach Mourí

Außer der Topólia-Schlucht wird noch eine weitere, unbekanntere Schlucht bei dieser Rundwanderung begangen. Außerdem erreichen wir einen Höhenweg und einen Pass, beide mit herrlichen Ausblicken auf die bergige Landschaft. Auf jeden Fall sollte man einen Besuch der Tropfsteinhöhle der Agía Sophía einplanen.

DIE WANDERUNG IN KÜRZE

+++
Anspruch

5.15 Std.
Gehzeit

17 km
Länge

Charakter: Im Ganzen mittelschwere Wanderung auf steinigen Pfaden und Steigen sowie auf Feldwegen. Einige weglose Strecken in der Topólia-Schlucht und ein steiler Aufstieg in einer zweiten Schlucht – bei beiden müssen die Hände zu Hilfe genommen werden – sind durchaus als anspruchsvoll zu bezeichnen.

Einkehrmöglichkeiten: Nur in Koutsamatádos

Anfahrt: Mit dem **Auto:** Von Topólia kommend durchfährt man einen schmalen Felstunnel. Das Fahrzeug lässt man am besten auf dem Parkplatz vor der Taverne Archontas stehen. Mit dem **Bus:** Frühmorgens ab Kisámos die Linie nach Elos, Elafonísi oder Voutás nehmen, mit einem der Nachmittagsbusse, die von Elafonísi zurückkehren, zurück.

Unterkunft: Die Taverne Archontas vermietet Zimmer, Tel. 28220/51531. Wirt Vassilis kennt weitere Wanderwege in der Umgebung und gibt gern Tipps.

Vor dem Start in Koutsamatádos sollte man die nahe **Tropfsteinhöhle der Agía Sophía** besuchen. Sie liegt zwischen Koutsamatádos und dem Tunnel hoch über der Schlucht, ein kurzer Treppenweg führt hinauf. Eine kleine Kapelle ist vor den Höhleneingang gebaut. Von hier hat man einen schönen Blick über die Topólia-Schlucht, deren steile Wände an die Samariá-Schlucht erinnern.

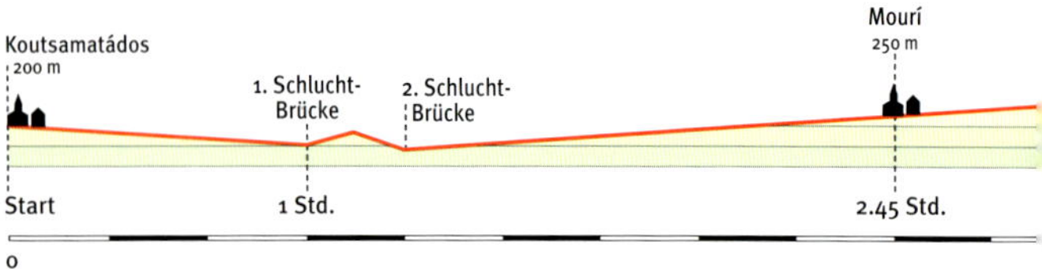

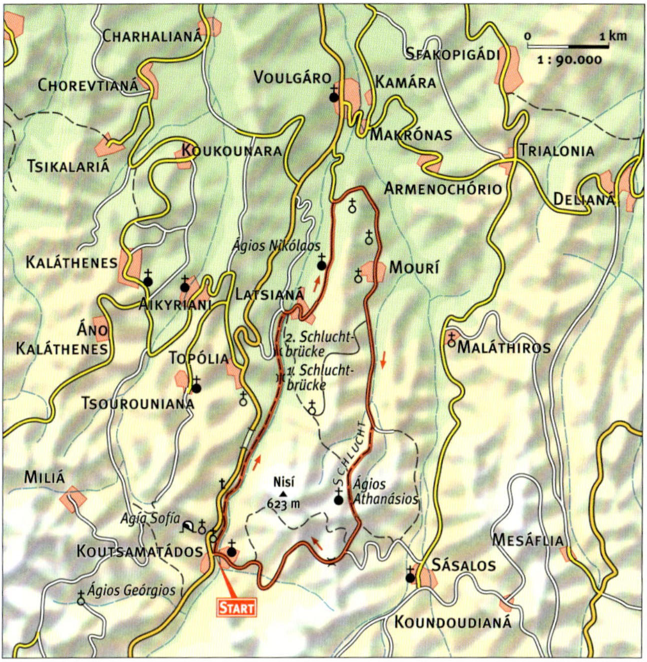

Zwischen Oliven und Platanen führt ab **Koutsamatádos** zwischen der Hauptstraße und dem plätschernden Bachlauf ein Erdweg in die Schlucht hinein. (Hat man vor der Wanderung in der Taverne Archontas gesessen, muss man die Bachbrücke überqueren.) Nur zu Anfang ist dieser Weg befahrbar. Später sind Teile bei Überschwemmungen weggebrochen, wir müssen manchmal über Flusskiesel kraxeln. Alles jedoch kein wirkliches Problem, auch wenn manchmal die Hände zu Hilfe genommen werden müssen. So laufen wir die nächsten 60 Minuten auf dem Schluchtgrund. Wir müssen dabei hin und wieder das Bachbett queren und ein Ziegengatter durchlaufen (Durchgang ganz rechts, bitte wieder sorgfältig schließen). Der Bach selbst fließt über weite Strecken unterirdisch, wie es im Kalkgestein Kretas auch sonst vorkommt.

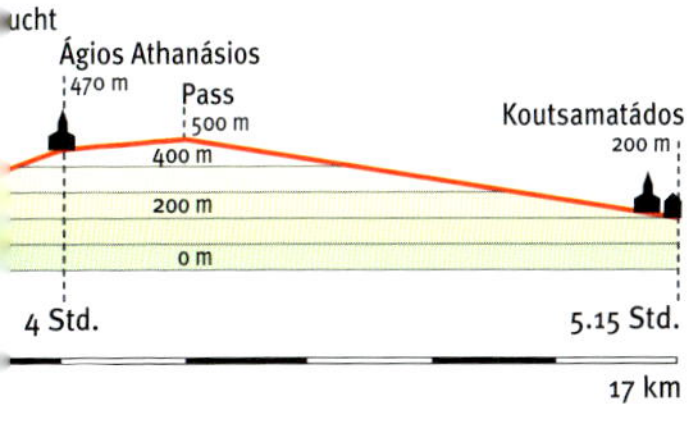

Nach 1 Std. heißt es aufgepasst! Knapp 100 m vor einer **ersten Schluchtbrücke** haben wir die Möglichkeit, den Schluchtgrund rechts über ein Olivenfeld zu verlassen, um einen bequemeren Weg zu gehen. Zwei Steinpyramiden markieren diese Stelle, sie können jedoch nach einer Überschwemmung weggespült sein. In jedem Fall weiß man

spätestens nach jenen knapp 100 m unter der Brücke und vor einem Katarakt, den nur geübte Kletterer hinabsteigen können, dass es hier über die Flusskiesel nicht so recht weitergeht, zumal bis Juni in der gesamten Breite des Schluchtgrundes Wasser fließen kann.

Man kehrt also besser um und steigt über das Olivenfeld 50 m den Hang hinauf. Hier trifft man auf einen Fahrweg, der parallel zur Schlucht verläuft. Wir halten uns links, dies ist der Weg, der über die erwähnte erste Schluchtbrücke hinauf ins Dorf Topólia führt. Wir überqueren also die Schlucht und steigen in Serpentinen ca. 10 Min. bergan. Jetzt stoßen wir auf eine T-Kreuzung. Links geht es nach Topólia, wir gehen jedoch rechts, zunächst auf gleicher Höhe, dann wieder absteigend zu einer **zweiten Schluchtbrücke** (1.20 Std.). Hier liegt der Weiler **Kapsaniana,** in dem nur noch einige Familien wohnen. Wir gehen über die Brücke und gleich hinter ihr an einer Kreuzung scharf rechts ein Asphaltsträßlein hinauf, das nach wenigen Metern zu einer schmalen Erdstraße wird. Sie führt in Serpentinen den Osthang der Schlucht hinauf, die sich hier zu einem Tal geweitet hat.

Unser nächsten Ziele sind die Dörfer Latsianá und Mourí. Links und rechts des Weges liegen anfangs einige Gemüsebeete, ansonsten überwiegen die Olivenbäume. Es eröffnen sich schöne Blicke auf die andere Schluchtseite, insbesondere fällt das grüne Dorf Topólia mit seinem ungewöhnlichen Glockenturm auf, der an einen italienischen Campanile erinnert.

Achtung: Bei zwei Abzweigungen nach rechts, bei einem Weinfeld (links der Straße) und bei Hausruinen (rechts der Straße) könnten Zweifel bestehen, welcher Weg als Hauptweg zu gelten hat, der nach Latsianá führt. Bitte an diesen Problemstellen geradeaus gehen.

So erreichen wir nach 45 Min. Aufstieg vor **Latsianá** an einem Brunnenhaus mit Wasserhahn eine Asphaltstraße, der wir rechts bergan ins Dorf folgen. Diese Straße wird bald zum Erdweg und führt uns um einen Ausläufer des Berges, den wir im Ganzen umrunden, nach Mourí. 1,5 km nach Latsianá weist ein Schild zur **Kirche Ágios Nikólaos,** die wenige Meter unterhalb unseres Wanderweges liegt.

Die Kreuztonnenkirche mit hochgezogener Quertonne wartet mit recht gut erhaltenen Fresken aus der Wende des 12. zum 13. Jh. auf. Die Malereien zeigen den »konservativen Stil« jener Zeit. Der überlebensgroße Kirchenpatron links vom Eingang trägt in seinem Heiligenschein ein elegantes Rankenmotiv, das nur in dieser Zeit zur Anwendung kam. Neben ihm und an der entsprechenden Stelle gegenüber sieht man Säulenheilige, Asketen, die ihr Leben auf dem nicht viel Platz bietenden Kapitell einer Säule zugebracht hatten.

Zurück auf dem Wanderweg sind es jetzt nur noch ca. 500 m nach **Mourí** (2.45 Std). Wir gehen zur asphaltierten Dorfstraße und folgen nach rechts in südlicher Richtung dem Schild »Ágios Athanásios«, unserem nächsten Ziel. Mourí ist wie die anderen beiden Dörfer, durch die wir gegangen sind, heute fast ein Geisterdorf, in dem nur noch wenige Familien ständig leben. Nur im Hochsommer, wenn die Emigranten auf Urlaub zugegen sind, ist hier mehr los, und dann öffnet sogar das Kafenion.

10 Min. hinter Mourí biegt die Asphaltstraße spitz nach rechts zurück. Wir jedoch gehen weiter geradeaus, nun auf einem Erdweg, der nach weiteren 15 Min. ein weites Tal umrundet und schließlich zum Ausgang der kleinen, relativ engen **Mourí-Schlucht** (3.15 Std.) führt, die man schon von ferne in Augenschein nehmen konnte. Jetzt aufgepasst: Unmittelbar hinter der betonierten Furt über das normalerweise ausgetrocknete Schluchtbachbett zweigt ein schmaler, steiniger Steig steil nach rechts ab und führt in das grüne Dickicht der Schlucht hinein. Hin und wieder tauchen blaue und rote Punkte sowie Steinmännchen auf. Nach 45 Min. Anstieg haben wir schließlich das Kirchlein des **Ágios Athanásios** (4 Std.) erreicht, das auf einer Wirtschaftsfläche am oberen Eingang der Schlucht steht.

Wieder versperren einige Ziegengatter den Weiterweg. Wir nehmen die Stichstraße, die von Sásalos und Koutsamatádos her zum Kirchlein führt. Bitte die Pforten nach Passieren wieder sorgfältig verdrahten. 3 Min. nach der Kirche trifft die Stichstraße auf einen Wirtschaftsweg. Wir gehen rechts und erreichen nach gut 10 Min., wenige Meter oberhalb einer Weggabelung, die **Passhöhe** (4.15 Std.) zwischen Sásalos und Koutsamatádos. Wieder ein Ziegengatter als Straßensperre! Gleich dahinter eine Kreuzung. Wir gehen *nicht* nach rechts den Hang weiter hinauf und auch *nicht* nach links, sondern wir nehmen die Schotterstraße, die halbrechts den Hang hinunterführt. Nach ca. 300 m halten wir uns bei einer Abzweigung rechts.

Fortan geht es in weiten Schleifen immer bergab. Wir ignorieren weitere Abzweigungen, die rechts und links bergauf führen. Nach 5.15 Stunden Gehzeit ist linker Hand ein Esskastanienhain und schließlich **Koutsamatádos** erreicht, dessen Häuser wir schon von oben erblickt haben.

Am Ende der Mourí-Schlucht: das Kirchlein des Ágios Athanásios

Tour 11

Zum verwunschenen Dorf

Rundwanderung von Miliá nach Tsourouniana

Das Tal von Miliá gehört zu den abgelegendsten Gebieten Kretas. Im Zweiten Weltkrieg konnten sich Kreter hier dem Zugriff der Besatzer entziehen. Das Dorf Miliá wurde nach einer Pestepidemie schon im 17. Jh. verlassen, heute wird in den Natursteinhäusern ein Hotel betrieben.

DIE WANDERUNG IN KÜRZE

++
Anspruch

2.30 Std.
Gehzeit

9 km
Länge

Charakter: Unschwierige Rundwanderung auf Pfaden und Feldwegen durch ein Tal, entlang eines Trockenbachs und über einen Bergsattel zurück. Unvermeidbar ist dabei ein Stück Asphaltstraße, das aber kaum befahren wird. Der Weg ist nicht markiert.

Wasser: Sehr gute Quelle an der Durchgangsstraße durch Aikyriani

Einkehrmöglichkeiten: Schmucke, rustikale Taverne in Miliá, die eigene, ökologisch erzeugte Produkte anbietet

Anfahrt: Je nach Transportmittel kann die Rundwanderung an verschiedenen Orten beginnen. Mit dem **Auto** fährt man ab der Hauptstraße Topólia-Elos zunächst über Asphalt, dann auf einem Erdweg über Vlátos nach Miliá (ausgeschildert). Mit dem **Taxi:** Wer von der Nordküste her mit dem Taxi kommt, sollte der kürzeren Anfahrt wegen die Tour an der Abzweigung der Zufahrtsstraße nach Tsourouniana beginnen und in Aikiriani wieder abfahren. Beide Orte sind nur etwa 13 km von Kisámos entfernt. Zumindest eine Strecke kann man auch mit dem **Bus** fahren. Die Busse nach Elafonísi, Voutás und Paleochóra (Mai–Nov. 12 Uhr ab Kisámos) halten in Topólia. Von hier läuft man 1 km auf der Nebenstraße zur Abzweigung nach Tsourouniana.

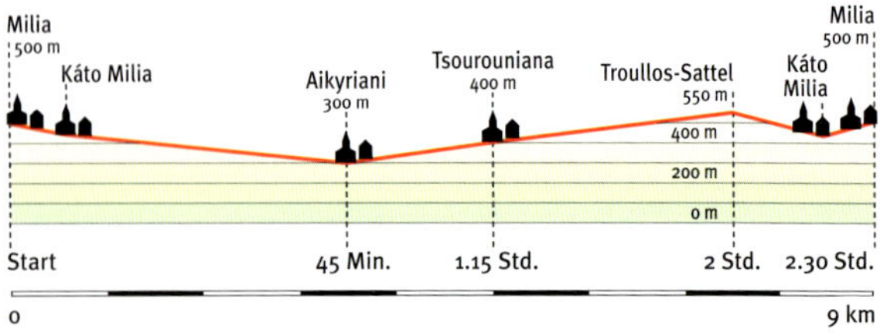

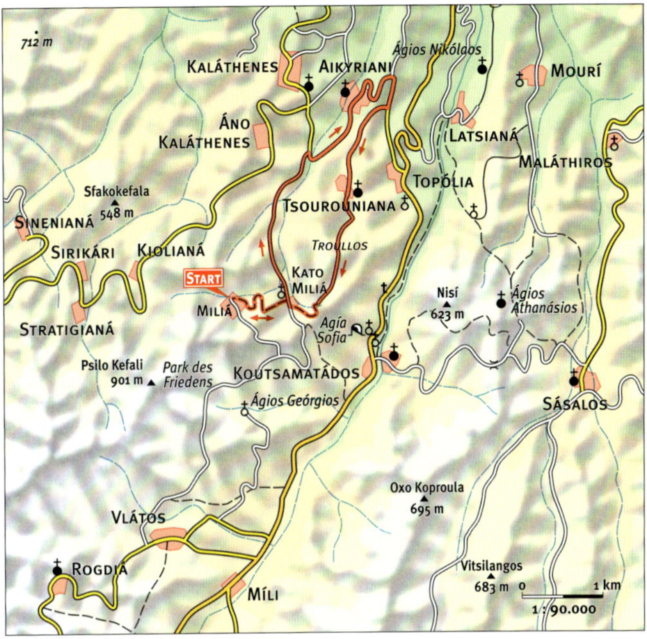

Ausgangsort der Wanderung ist das Restaurant des Feriendorfes **Miliá**. Man achte auf die schönen Exemplare von Walloneneichen und auf den alten Dreschplatz in der Nähe. Wir folgen dem Wirtschaftsweg abwärts und richten uns dabei nach den vierfarbigen Wegweisern. Vor dem rötlichen Schweinestall des Ökoprojekts biegen wir nach links ab durch ein Gatter, passieren die Schafs- und Ziegenpferche durch ein weiteres Gatter und befinden uns nun auf einem schattigen Pfad zwischen Baumheide und Erdbeerbäumen. Bald erreichen wir einen dichten Esskastanienwald, eine Seltenheit im sonst eher kargen Kreta. Nachdem wir den Wald verlassen und eine Hausruine passiert haben, befinden wir uns in **Kato Miliá** (15 Min.) auf einem Fahrweg, dem wir nach links bergab folgen. Er kommt von Vlátos und wird uns entlang eines Trockenbaches aus dem Tal heraus hinunter nach Aikiriani bringen.

Doch werfen wir zunächst einen Blick auf den Hang gegenüber. Dort zeichnet sich das Ende unseres Rundwanderweges ab. Rechts neben der auffälligen Felskuppe, die die Griechen *Troullos* nennen, befindet sich ein Sattel. Durch diesen Einschnitt hindurch und auf einem Pfad, den man fast waagerecht gegenüber am Hang ausmachen kann, werden wir nach Miliá zurückkehren.

Wir folgen ab Kato Miliá zunächst dem Fahrweg links bergab durch das erste von mehreren Gattern. Der Fahrweg wird bald zu einem von tiefen Furchen zerrissenen Erdweg, der auch für Fahrzeuge mit Vierradantrieb nicht mehr passierbar ist. Wir verlassen das vergessene Tal von Miliá und erreichen durch Olivenfelder

Aus Natursteinen erbautetes Hotel in Miliá

die **Asphaltstraße** (45 Min.). Hier geht es weiter nach rechts ins Dorf **Aikiriani.** Wenige Meter nach dem Ortsschild treffen wir auf eine Quelle am rechten Straßenrand, eine gute Gelegenheit, die Wasserflasche aufzufüllen.

Wir laufen weiter durch die beiden Ortsteile von Aikiriani und treffen dann nach dem Dorf auf die Abzweigung der Stichstraße nach Tsourouniana. (Gegenüber führt ein Feldweg bergab nach Kaloudiana, den Wanderer, die von Kisámos mit dem Taxi gekommen sind, nutzen können, um sich die Rückfahrt zu sparen.)

In **Tsourouniana** (1.15 Std.) leben nur noch einige wenige Alte. Am Wendeplatz befindet sich neben dem Bach das ehemalige Waschhaus und ein geschlossenes Kafenion. Gegenüber erinnert ein Denkmal an sieben Dorfbewohner, die am 29. August 1944 von der Wehrmacht erschossen wurden.

Zwischen Waschhaus und Kafenion führt in Verlängerung der Zufahrtsstraße ein schmaler Fußpfad zwischen Beeten ins Dorf. Unterhalb eines Hauses, dessen Garten von einer weiß gestrichenen Trockensteinmauer gestützt wird, treffen wir auf einen betonierten Weg, dem wir entlang eines Baches folgen. Wenige Minuten nach unserem Aufbruch am Wendeplatz treffen wir wieder auf Asphalt. Doch keine Sorge, bald weicht die Teerstraße einem Betonweg und der Betonweg einem Erdweg. Wir gehen bergauf, stets die ungefähre Südrichtung beibehaltend. Alle Abzweigungen, die rechts hinunter ins Tal führen, lassen wir unbeachtet. 10 Min. nach dem Wendeplatz von Tsourouniana kommt der Troullos in Sicht, den wir uns zu Beginn der Wanderung gemerkt haben. Links unterhalb der auffälligen Felskuppe befindet sich ein Sattel, durch den hindurch wir das Tal von Miliá erreichen werden. Am besten, man geht jetzt auf Sicht auf den Sattel zu – vor einem Olivenfeld müssen wir dabei rechts den Hauptweg verlassen.

Oben am **Troullos-Sattel** (2 Std.) angekommen, müssen wir ein Ziegengatter durchqueren. Der Fahrweg wird nun zum Pfad, und wenige Minuten später kommen Miliá und der Kastanienwald in Sicht. Die Orientierung ist nun einfach. Der Pfad führt am Hang entlang auf den Fahrweg von Vlátos nach Kato Miliá, dem wir rechts bergab folgen. Schnell ist **Kato Miliá** erreicht (2.15 Std.). Auf einem Waldpfad steigen wir hinauf zu den Dorfhäusern von **Miliá** (2.30 Std.)

Der »Park des Friedens«

Dass deutsche Soldaten, die auf der Nato-Basis Akrotíri Raketenschießen üben, nicht nur Raketen im Kopf haben, zeigt der Baum-Park bei Vlátos. 1976 wollten umweltbewusste Einwohner des Dorfes ein Zeichen setzen. Ein erosionsgefährdetes Stück kretischen Landes sollte wieder aufgeforstet werden. Unterstützt wurden sie mit ihrem Vorhaben von der 2. Division der deutschen Luftwaffe, vom Goethe-Institut in Chaniá, von der Bayerischen Forstverwaltung und vom Forstamt Chaniá.

Bereits 1978 konnte der Park eingeweiht werden. Das so genannte Arboretum liegt an den Hängen zu beiden Seiten eines Trockenbachs, der durch die gelungene Aufforstung jetzt häufiger Wasser führt. Das Gelände ist umzäunt, damit Ziegen die Aufforstung nicht zerstören. Auf der Tafel am Eingang steht: »Der Wissenschaft zum Studium, den Politikern zur Besinnung, dem Besucher zur Anregung und Freude«. Ein Lehrpfad führt durch den Park.

Weitere markierte Wanderwege ab Miliá

Die Hotelverwaltung von Miliá und der Distrikt Inachorio haben in der Umgebung des Tals einige Wanderwege gut beschildert und markiert. Besonders lohnend ist die Streckenwanderung von Miliá über Vlátos, Rogdia, Aerinos nach Melisia, insgesamt 19 km. Eine Broschüre zu diesem Weg ist im Hotel erhältlich.

Durch die Tsichliana-Schlucht

Von Sirikári nach Polyrrinía

Vom abgelegenen grünen Hangdorf Sirikári geht es durch eine Schlucht nach Polyrrinía, das sich an den Akropolis-Hügel der antiken Polis Polyrrhenia lehnt. Der Aufstieg auf die Akropolis wird belohnt durch herrliche Ausblicke auf die Nord- und Westküste.

DIE WANDERUNG IN KÜRZE

++ Anspruch

4 Std. Gehzeit

14 km Länge

Charakter: Leichte bis mittelschwere Tour auf schmalem Pfad durch die Schlucht. Zu Anfang ein steiler Abstieg. Ab dem Schluchtende geht es auf Fahrwegen und -straßen hinauf ins Dorf Polyrrinía. Ein steiler Aufstieg auf die Akropolis beschließt diese reizvolle Tour.

Markierung: Rote Punkte

Einkehrmöglichkeiten: In Polyrrinía Taverne Odysseus

Anfahrt: Der **Linienbus** nach Sirikári fährt nur ca. 2 x wöchentlich gegen 14 Uhr. Besser nimmt man morgens ein **Taxi** dorthin. Zurück von Polyrrinía nach Kisámos mit dem Bus gegen 14.30 Uhr oder mit dem Taxi.

Ausgangsort dieser unschwierigen Wanderung ist das Streudorf **Sirikári**. Wir müssen zunächst auf die Dorfkirche Ágios Konstantinos zuwandern, die man auf einer Stichstraße erreicht, die von der schmalen Hauptstraße Kisámos–Sirikári abzweigt. Gegenüber dem Kirchentor beginnt ein schattiger, öfter hohlwegartiger Pfad, dessen rote Markierungen uns in vielen Kehren hinunter in das **Schluchtbett** (45 Min.) leiten. Wir passieren dabei einige Zaungatter und quer laufende Fahrwege. Im Schluchtbett angelangt, überqueren wir den Bach und folgen den roten Punkten zunächst ein kurzes Stück hangaufwärts. Nicht weit entfernt stehen einige Häuser, die zum Weiler Sinenianá gehören. Unser Pfad führt nun 10–40 m oberhalb des Schluchtgrundes am Hang entlang, bis wir den Bach ein zweites Mal überqueren. Im Bach wachsen wie sonst auch in Schluchten orientalische Platanen und Oleander. Nun geht es auf der

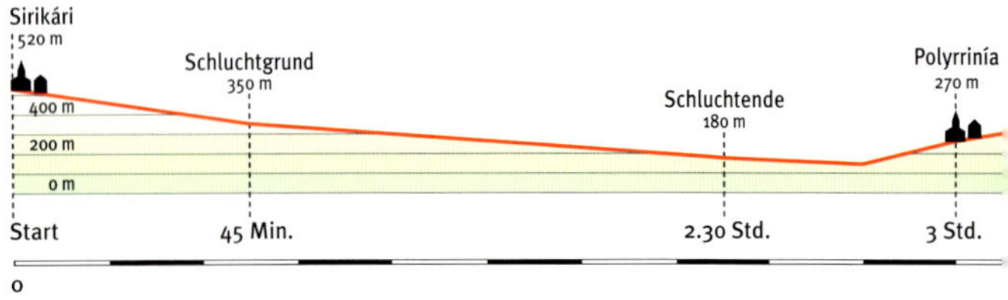

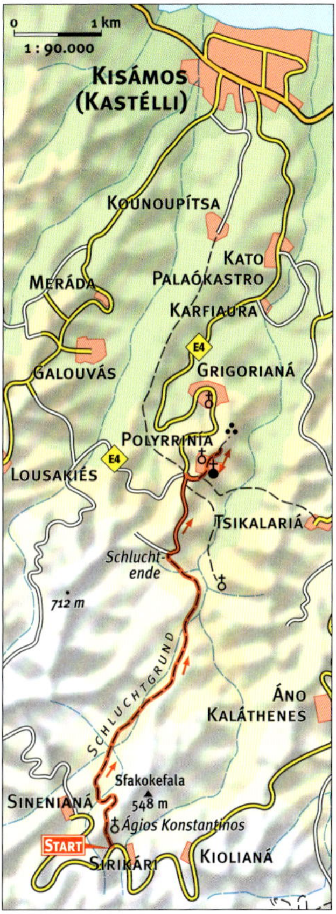

rechten Talseite weiter. Die bis hierher dichte, Schatten spendende Vegetation weicht nun freieren, weitgehend baumlosen Flächen. Zwischen Brandkraut wandern wir weiter, bis wir eine weitere Schlucht erreichen, die von rechts her in unsere einmündet. Man achte hier auf den Apfel tragenden Salbei, der nur im Westen Kretas vorkommt. Er trägt auf seinen Blättern apfelförmige Gallen.

Bei der Einmündung der zweiten Schlucht überqueren wir ein drittes Mal unseren Bach – diesmal sehr bequem auf einer alten **Bogenbrücke** (2 Std.). Bald darauf kommt der Hügel von Polyrrinía und das Schluchtende in Sicht. Am **Schluchtende** (2.30 Std.) weitet sich der Pfad zu einem befahrbaren Erdweg. Wir passieren ein Ziegengatter und stoßen auf den Scheitel der Spitzkehre eines Fahrwegs. Wir halten uns rechts und gehen in der schon eingeschlagenen Richtung durch Olivenhaine weiter, zunächst bergab, immer auf Polyrrinía zu. Schnell ist eine Gabelung erreicht, der wir nach links folgen, um abzukürzen. Steil geht es nun ins Dorf hinauf. Unterhalb der ersten Häuser liegt die antike Nekropole von Polyrrinía, zu der Schilder weisen. Wir stoßen jetzt auch auf den E4, der von Kisámos hier entlang nach Sfinári führt. Am Buswendeplatz von **Polyrrinía** (3 Std.) treffen wir auf eine Telefonkabine und, vielleicht zunächst wichtiger, auf die Taverna Odysseus. Nach einer Pause starten wir von hier aus zur letzten Etappe unserer Tour. Schilder zeigen den Weg durch das Dorf zur **Akropolis**, zu der wir in 30 Min. hinaufsteigen.

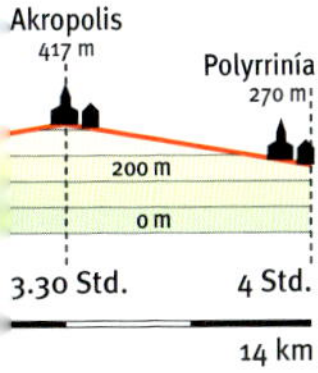

Die Akropolis von Polyrrinía

Das antike Polyrrhenia war wahrscheinlich der bedeutendste Stadtstaat in Westkreta und traditioneller Rivale der Nachbarpolis Phalasarna. Der Stadtname bedeutet »reich an Lampen« (von *poly*, viel, und *arén*, Lampe). Eine Ehreninschrift von

69 v. Chr. besagt, dass die Polis dem römischen Eroberer Kretas, Quintus Metellus mit dem Beinamen »Creticus«, eine Statue gestiftet hatte. Die Polis-Bewohner nannten den General der Invasionstruppen darin klugerweise »Retter und Wohltäter« und wurden so von der Zerstörung ihrer Stadt verschont.

Am Buswendeplatz, zu Beginn des Aufstiegs, stehen beachtliche Reste eines römischen Aquädukts aus der Zeit des Kaisers Hadrian (117–138 n. Chr.). Der Fußweg führt dann weiter bergauf durch das moderne Dorf, das auf den Resten antiker Häuser gebaut wurde. Auf der Akropolis angelangt, beeindruckt zunächst der herrliche Panoramablick. Im Nordwesten sieht man die weite Bucht von Falasarna und dahinter den Rücken der Halbinsel Gramvoúsa. Im Norden grüßen die Zacken der Halbinsel Rodopoú. Von den antiken Bauten der Akropolis ist wenig erhalten. Man erkennt beim Aufstieg einige Gräber und Zisternen. Oben stehen beachtliche Reste einer Stützmauer aus klassischer Zeit, die man zur Vergrößerung des Akropolis-Plateaus angelegt hatte. In der kleinen Kirche sind Quader aus antiken Gebäuden und Mauern verbaut. Über den Hang verstreut wächst Riesenfenchel, der bis zu vier Meter hoch wird. Mit seinen gelben Blütendolden ist er eine der eindrucksvollsten Pflanzen des Mittelmeerraumes. Er findet sich stets auf Trockenhügeln und zwischen Ruinen. Sein schnell wachsender Stängel enthält ein brennbares Mark. Es verglüht langsam, ohne dass die äußere Rinde verbrennt. Noch in der Neuzeit benutzten Seeleute, die sich auf den windigen Decks ihrer Schiffe eine Pfeife anzünden wollten, ein Stück des Fenchelstängels als Feueranzünder. Nomaden transportierten das Feuer im Fenchelstengel von Ort zu Ort. In der griechischen Mythologie hat der Titan und Menschenfreund Prometheus dem Zeus das Feuer in einem Fenchelstengel gestohlen.

Der elastische, leichte Stängel des Fenchels wurde in der Umgebung des Dionysos als Spazierstock genutzt. Auf vielen Vasenbildern sieht man den Weingott und die ihn umtanzenden Satyrn und Mänaden mit so genannten »Thyrsos-Stäben«. Sie sind deutlich als Fenchelstängel zu erkennen, auf die oben ein Pinienzapfen gepropft ist. Sie warenk stabil genug, um jemanden zu stützen, aber andererseits zu labil, um jemanden zu verletzen, wenn es in weinseliger Laune zu Prügeleien kam.

Bogenbrücke zum Überqueren des Schluchtbaches

Wilde Küste, weiter Strand

Vom Kap Kriós nach Elafonísi

Entlang der unbebauten, kargen und einsamen Felsenküste mit vielen Badebuchten geht es im äußersten Südwesten Kretas zum Traumstrand von Elafonísi. Flaches, türkisfarbenes Wasser zwischen dem Festland und der vorgelagerten »Hirschinsel« lässt Lagunenatmosphäre aufkommen.

DIE WANDERUNG IN KÜRZE

++
Anspruch

3.30 Std.
Gehzeit

11 km
Länge

Charakter: Mittelschwere Wanderung auf steinigem Küstenpfad. An einer Felsnase und in einem Trockenbach müssen bei kurzen leichten Abstiegen die Hände zu Hilfe genommen werden.

Markierung: Durchgehend und ausreichend mit E4-Schildern

Ausrüstung: Badezeug

Wasser: Bei der Johanneskirche befindet sich eine spärlich fließende Quelle.

Einkehrmöglichkeiten: Nur am Ziel Tavernen, die auch Zimmer vermieten

Anfahrt: Für die 9 km zum Beginn der Wanderung am Kap Kriós nimmt man am besten in Paleochóra ein **Taxi.** Zurück kommt man mit dem **Ausflugsboot,** das zwischen Paleochóra und Elafonísi verkehrt (nur April–Okt.) oder mit dem Taxi (Paleochóra Taxi Office, 28230/41128). Wanderer, die von Chaniá oder Kisámos anreisen, nehmen den **Frühbus** nach Paleochóra und kehren mit einem der Busse von Elafonísi zurück. Sowohl die Ktel als auch Reisebüros bedienen im Sommer diese Strecke.

Hinweis: Um der Mittagshitze Südkretas zu entgehen, sollte man früh aufbrechen. Umso länger hat man dann auch Zeit, die zahlreichen Badegelegenheiten während und am Ende der Wanderung wahrzunehmen.

Zum Ausgangspunkt unserer Wanderung am **Kap Kriós** gelangen wir über den Kriós-Beach, 9 km westlich von Paleochóra. Ein Schild zeigt die Abzweigung von der Asphaltstraße. Hier ist auch schon das erste der zahlreichen E4-Schilder zu sehen, die uns während der gesamten Wanderung begegnen werden. Wir gehen direkt zum Strand und folgen dem Strandweg weiter nach Westen bis zu der Felsnase am Kap Kriós mit der winzigen vorgelagerten Insel Schistonisi.

Über diese 6 m hohe Nase muss man nun erst einmal kraxeln, beim

Abstieg nimmt man die Hände zur Hilfe und springt ein Stück. Wir landen in einer kleinen, von Felsen umschlossenen Badebucht, der ersten von zahlreichen weiteren Buchten mit herrlichen Kiesel- und Sandstränden. E4-Schilder weisen uns auf der anderen Seite der Badebucht steil hinauf zu einem Sattel auf ca. 80 m Höhe. Unser Pfad verläuft gleich unterhalb einer Erdstraße, die von Osten her hinaufführt. Oben am **Sattel** (30 Min.) angelangt, kommt die Insel Elafonísi mit ihrem kleinen Leuchtturm das erste Mal in Sicht.

Nun geht es wieder bergab, hinunter in eine weitere Bucht mit ungewöhnlichen Felsformationen und einem geschützten ›Badebecken‹ mit schönem **Strand** (40 Min.). Es folgt ein weiterer Aufstieg, der uns zur einsam gelegenen, weiß getünchten **Kapelle des Ágios Ioánnis Prodromos** (1.15 Std.) bringt. Hier befinden sich Schaftränken und, etwas oberhalb, eine Quelle. Weit schweift der Blick übers Meer und über die Küstenebene von Elafonísi mit ihren Treibhäusern. Auch der weitere Verlauf unseres Küsten-

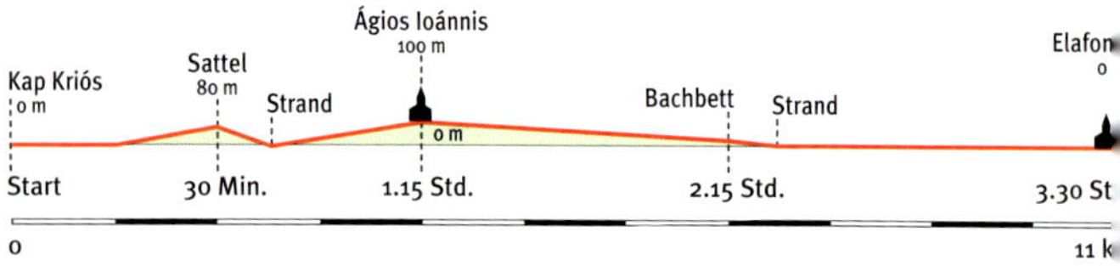

pfades mit seinem Auf und Ab ist gut zu übersehen.

Wieder unterwegs, trifft man nach 2.15 Std. Gehzeit auf ein **Bachbett**, dem man zum Meer hinunter folgt. Während eines kurzen und steilen Abstiegs müssen die Hände zur Hilfe genommen werden. Hier fallen Alabaster-Felsformationen auf. In den minoischen Palästen hat man dieses milchweiße Material, eine Kalkart, zum Bau der Stufen, für Fenster und herrliche Vasen verwendet.

Am Strand angelangt, folgen wir nun stets der Küste. Gegen Ende unserer Tour überrascht ein Hain aus Phönizischem Wacholder. Die normalerweise nur strauchhohe Pflanze wächst auf Sandböden und erreicht hier Baumhöhen.

Danach kommen wir in ein labyrinthisches Felsbrockenfeld, das im Zickzack durchquert wird – stets den E4-Schildern und den gelbschwarzen Farbmarkierungen folgend.

Schließlich erreichen wir die Anlegestelle des Ausflugsbootes von Paleochóra und wenig später, nach 3.30 Std. Gehzeit, unser Ziel, den weiten **Sandstrand von Elafonísi**. Einst als Geheimtipp gehandelt, ist er heute voll erschlossen. Man kann Liegestühle und Sonnenschirme mieten und im knietiefen Wasser zur Insel hinüberwaten, die etwa 150 m vor der Küste liegt. Sie ist bis auf einen kleinen Leuchtturm unbebaut. Die östliche Seite der 36 m hohen Insel Elafonísi besteht aus Sanddünen. Hier blüht im Hochsommer die Trichternarzisse. Höher auf den Felsen wachsen Meerfenchel, Salz-Alant und der Dornige Kapernstrauch.

Strand bei Kap Krios

Tour 14

Zu den Felskammergräbern

Von Kontokinígi zur Küste bei Paleochóra

Ein Höhenpfad bietet herrliche Aussichten in zwei Flusstäler. Zu entdecken sind auf dieser Tour darüber hinaus antike Pithos- und Felskammergräber, die zu einer bisher unbekannten Polis gehörten. Die Tour klingt mit einem gemächlichen Abstieg durch ein grünes Flusstal aus.

DIE WANDERUNG IN KÜRZE

++
Anspruch

2.30 Std.
Gehzeit

9 km
Länge

Charakter: Mittelschwere Wanderung mit einigen leicht zu gehenden Abschnitten auf Feldwegen und steinigen Pfaden. Der letzte Teil im Flusstal bietet viel Schatten.

Ausrüstung: Badezeug

Einkehrmöglichkeiten: Keine, im Hochsommer hat eventuell eine Taverne am Strand geöffnet.

Anfahrt: Ab Paleochóra fährt man am besten die 9 km zum Startpunkt mit dem **Taxi** (Tel. 08230/41128). Nach der Wanderung 3 km auf der Asphaltstraße zurück nach Paleochóra entweder zu Fuß oder mit dem Linienbus, der Mo–Fr gegen 14.30, von Kriós und Kountoura kommend, vorbeifährt. Oder man verabredet sich mit dem Taxifahrer.

Ausgangspunkt ist ein **Pass**, den die Asphaltstraße von Kontokinígi nach Voutás 500 m hinter Kontokinígi überquert. Dieser Pass trennt das Flusstal von Agía Triáda vom Flusstal des Pelekaniotikós. Gleich am Pass zweigt ein Erdweg nach links ab, der am Hang des Pelekaniotikós-Tals entlang ohne Kurven abwärts führt. Beim Hinuntergehen auf diesem Erdweg achten wir auf den Felsrücken vor uns, der die beiden Flusstäler trennt. Ein schmaler, steiniger Pfad wird uns oben auf dem Grat des Felsrückens entlang weiter nach Süden führen.

Schon nach ca. 200 m auf dem Erdweg treffen wir links am Wegrand auf eine Aufschüttung, wie sie Bulldozer verursachen, die beim Straßenbau Erde und Steine beiseite schieben. An dieser Stelle be-

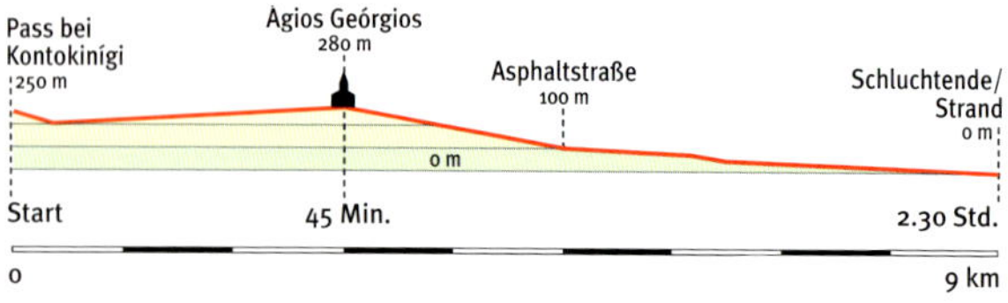

ginnt der markierte Pfad über den Felsrücken. Bevor wir jedoch die Wanderung fortsetzen, lohnt ein Mini-Abstecher, nur 10 m, weiter den Erdweg bergab. Hier sind an der linken Straßenseite bei den Bauarbeiten drei tönerne **Pithos-Gräber** ans Licht gekommen (und vom Bagger leider zerstört worden). Man hatte die Toten in Tonkrügen bestattet, ein Brauch, der seit den Minoern bekannt ist. Es handelt sich hier um eine preiswertere Art der Bestattung als im aufwändigen Felskammergrab.

Zurück zu Pfadabzweigung. Nun beginnt der schönste Teil unserer Wanderung, wir steigen bergan. Der schmale, mit blauen Punkten markierte Pfad schlängelt sich äußerst reizvoll über den Felsrücken. Wir passieren diverse Gatter und gehen an Wasserrohren aus Metall entlang, die in etwa parallel zu unserem Pfad verlegt sind. Sie helfen zusätzlich zu den Markierungen bei der Wegfindung.

Nach ca. 40 Min, kurz bevor unser Pfad sich zu einem befahrbaren Erdweg weitet, liegt links unterhalb des Pfades ein großes Felskammergrab mit einer umlaufenden Bank zur Aufnahme von Grabbeigaben. Und genau an der Stelle, an der sich der Pfad zum Erdweg weitet, finden sich rechts, in den anstehenden Fels gemeißelt, drei weitere, kleinere Felskammergräber für Urnen.

Wenige Minuten danach ist die kleine **Kirche Ágios Giórgios** (45 Min.) aus dem 15. Jh. und mit ihr auch ein guter Rastplatz erreicht. Der moderne Glockenturm aus Beton daneben stammt aus dem 20. Jh. Die Georgskirche wurde von einer katholischen Familie zur Zeit der venezianischen Besatzung Kretas (1204–1648) gestiftet. Man erkennt

dies am gotischen Tonnengewölbe. Von den Fresken sieht man nicht mehr viel, gut auszumachen sind allein die unteren Bildhälften der Ikonen des hl. Georgs und des hl. Demetrios. Beide sind Soldatenheilige, der eine reitet auf einem weißen, der andere auf einem grauen Pferd.

Von der Kirche nehmen wir den Erdweg, der aus dem Tal von Agía Triáda zur Kirche und zu den Olivenbäumen auf dem Bergrücken heraufführt. Wir gehen in Serpentinen bergab und achten beim Abstieg – etwa auf halber Höhe – auf ein weiteres Felskammergrab links am Wegrand.

Ist die **Asphaltstraße** nach Paleochóra (1.15 Std.) erreicht, gehen wir zunächst rechts bergab Richtung Agía Triáda. Dann folgen wir der Asphaltstraße nicht über die Bachbett-

Tavernen und Cafés verlocken zu einem Abstecher nach Paleoochóra

brücke nach links, sondern behalten auf einem Feldweg die Richtung parallel zum Bach bei. Nach knapp 2 km erreichen wir so die kleine Dorfkirche von **Agía Triáda** mit ihrem Friedhof. Gleich danach folgt eine wichtige Abzweigung: 50 m nach der Kirche halten wir uns auf unserem Feldweg bei einer Gabelung links und schwenken danach in eine spitze Linkskurve ein. Gleich hinter dieser Kurve zweigt nun rechts den Hang steil hinab ein steiniger, blau markierter Fußpfad ab, der uns in wenigen Minuten ins Flusstal bringt. Hier stoßen wir auf einen idealen Platz für eine längere Pause: Man sitzt auf Flusskieseln im Schatten der Bäume und kann nach dem Picknick sein Geschirr im Bach waschen.

Der weitere Verlauf des Pfades ist leicht zu finden. Wir folgen stets dem Bachbett, zunächst auf der linken Seite. Nach 30 Min. ist wiederum Achtung geboten: Der Pfad gabelt sich. Wir gehen rechts und wechseln nach weiteren 10 m die Bachbettseite. 15 Min. später ist das **Schluchtende** (2.30 Std.) und damit die Straßenbrücke der Küstenstraße Paleochóra–Kriós erreicht, die wir im Bachbett unterqueren. Vor uns lacht das glitzernde Libysche Meer.

Wer die 3 km nach **Paleochóra,** das man nun greifbar nah vor sich sieht, zurücklaufen möchte, muss nur den ersten Kilometer auf der manchmal recht frequentierten Küstenstraße wandern. Danach kann man auf den langen Strand rechts abbiegen und im Sand zurücklaufen – etwas mühsam, aber ohne Autoverkehr.

Zur Höhle der 99 Väter

Von Kálamos über Spaniákos nach Azogirés

Ein Großteil der Wanderung verläuft auf einem reizvollen Fußpfad entlang eines Bergrückens durch Olivenhaine und Weideland. Ziel ist zum einen die Felshöhle, zum anderen das stille, wasserreiche Bergdorf Azogirés inmitten grünlich schimmernder Olivenhaine.

DIE WANDERUNG IN KÜRZE

++ Anspruch

3.30 Std. Gehzeit

11 km Länge

Charakter: Unschwierige Wanderung auf Pfaden, einem Feldweg und kleinen Teerstraßen. Der Fußpfad von Spaniákos nach Azogirés ist gut mit blauer Farbe markiert. Die Tour kann mit Wanderung 16 kombiniert werden.

Markierung: Blaue Punkte

Ausrüstung: Wer sich zutraut, auf drei luftig installierten, feuchten Esenlei- tern in die Höhle hinabzusteigen, sollte eine Taschenlampe mitnehmen. Wer die stockdunkle Höhle über den Eingangsbereich hinaus erkunden will, muss außerdem noch eine Ersatzlampe dabei haben! **Achtung:** Manche Stufen der Eisenleitern sind an den Befestigungsstellen durchgerostet und provisorisch mit Draht gesichert.

Einkehrmöglichkeiten: Zwei Tavernen in Azogirés

Anfahrt: Bus: Nimmt man den 12-Uhr-Bus ab Paleochóra, hat man für die Wanderung 3,5 Std. Zeit, um den Nachmittagsbus von Azogirés nach Paleochóra zu erwischen (Mo–Fr gegen 15.40 Uhr). Den Abstecher zur Höhle kann man eventuell auslassen. Wer früher aufbrechen möchte, nimmt sich für die 6 km zum Startpunkt ein **Taxi,** Tel. 28230/41128, Taxibüro von Spiros Psarakis am Fähranleger in Paleochóra. Entfernung Paleochóra–Azogirés 9 km.

Beim Straßendorf **Kálamos,** 6 km nördlich von Paleochóra gelegen, an der Abzweigung nach Spaniákos, beginnt die Wanderung. Eine schmale Betonstraße schlängelt sich hinauf ins 2 km entfernte Dorf, dessen riesige Kirche man schon von unten ausmacht. Beim Aufstieg ins Dorf achte man auf die Ruine eines türkischen Forts auf dem Bergrücken über Spaniákos, die sich vor dem Himmel deutlich abzeichnet. Auch Spaniákos war bis 1923 ein türkisches Dorf, nach dem Bevölkerungsaustausch, der im Vertrag von Lausanne vereinbart war, mussten die türkischen Kreter ihre Heimat verlassen.

Etwa 1 km nach dem Start, ca. 50 m nach einer Rechtskurve, können wir auf einem Fußpfad, der links die Böschung hinaufsteigt und rot markiert ist, eine Abkürzung nehmen. In Spaniákos angelangt (30 Min.), führt der Weiterweg nun nicht zur Kirche nach rechts, sondern weiter geradeaus. Dennoch lohnt wegen des schönen Panoramablicks ein kurzer Abstecher zur Kirche.

Zurückgekehrt, gehen wir einige Schritte weiter und achten auf die verlassene Volksschule von Spaniákos mit einem schönen Holzschild über der Tür: *»Demotikon Scholeion Spaniakou«*. Ca. 50 m nach der Schule zweigt nach links bergauf in Gehrichtung ein Feldweg unter Olivenbäumen ab, der uns in 5 Min. zu einer Ansammlung von Häusern führt, einem Ortsteil von Spaniákos. Jetzt aufgepasst: Eines dieser Häuser steht genau vor dem Scheitel einer Linkskurve unseres Feldwegs. Wir gehen auf einem Fußpfad in Gehrichtung links an diesem Haus vorbei, gelangen so hinter dieses Haus und gehen ca. 50 m weiter, bis wir hinter einer weiteren Ansammlung kleiner Häuser auf eine Abzweigung stoßen. Ein Pfad führt hier genau rechtwinklig nach links bergauf. Er wird links von einer Hauswand begrenzt, rechts von einem schmalen Wasserkanal aus Beton. Dieser Pfad führt uns wiederum nach 50 m auf eine Asphaltstraße. Es handelt sich um die Straße, die nach der Volksschule von Spaniákos in weitem Bogen ebenfalls hierher führt. Gegenüber der Asphaltstraße setzt sich unser Pfad bergauf fort. Er ist jetzt deutlich blau markiert und wird uns ohne weitere Orientierungsschwierigkeiten zuerst ansteigend, dann absteigend um den Bergrücken herum nach Azogirés führen. 50 m nach der Abzweigung stoßen wir links auf eine Quelle, eine gute Gelegenheit, die Wasserflasche aufzufüllen. Im weiteren Verlauf des ausgesprochen attraktiven Fußpfades müssen öfter Baustahlgewebepforten geöffnet und sorgfältig wieder verdrahtet werden.

Der Pfad endet nach 1 Std. bei einem großen **Wasserbecken** aus Beton (daneben eine weitere Quelle) und einem Baustahlgewebezaun. Man muss an diesem Zaun zuerst rechts vorbeigehen und findet nach wenigen Schritten vor der Zisterne die Pforte, durch die man dann den Weiterweg nach links in Gehrichtung fortsetzen kann. Azogirés ist hier schon längst in Sicht gekommen. Ab dem Wasserbecken aus Beton setzt sich der Wanderweg als Erdfahrweg fort. Er führt uns nach einer halben Stunde zur **Stichstraße** (2.30 Std.), die von Azogirés hinauf zur Höhle der 99 Väter führt. Wir gehen nun also links bergauf zur Höhle und begegnen bald auch Schildern mit der Aufschrift »Spileon, Cave«. Nach einigen Serpentinen endet die Straße an einem Parkplatz. Von hier aus führt, weiter bergauf, ein Pfad durch einen Drahtzaun zur Höhle, die sich schon aus der Ferne durch ein aufgestelltes Kreuz zu erkennen gibt. Vor der Höh-

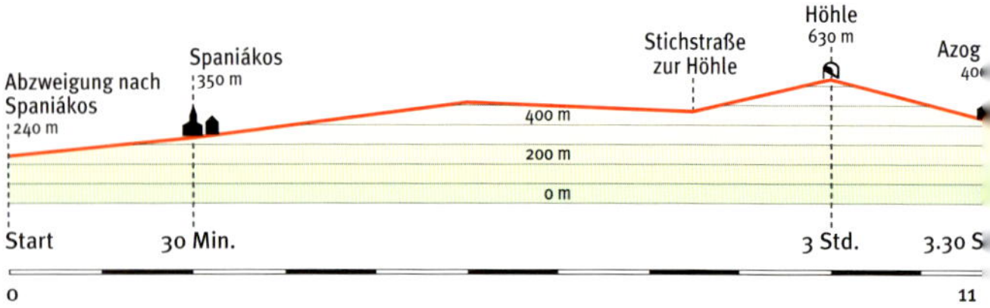

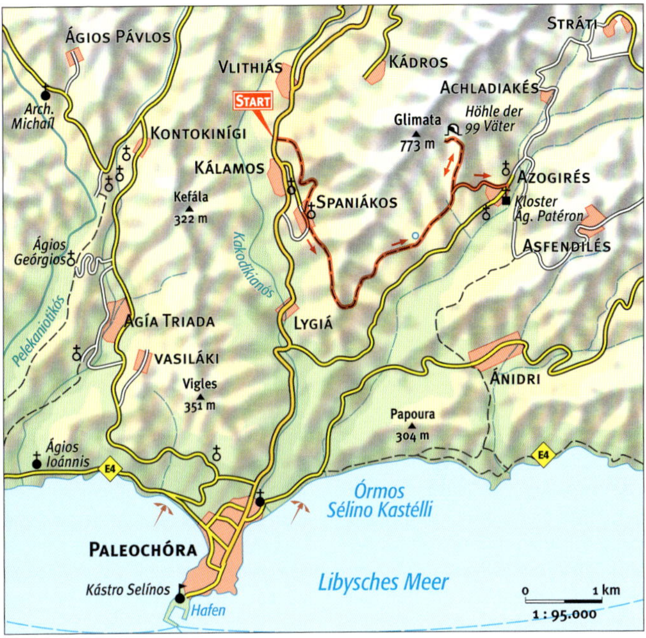

le laufen wir durch einen engen Felsspalt und steigen dann einige Meter bergab zu einer Art Vorhof der **Höhle** (3 Std.), der noch unter freiem Himmel liegt. Hier erst beginnt der Abstieg auf drei feuchten Eisenleitern und dann noch ein Stück auf rutschigem Lehm hinein in ein gähnendes, dunkles Loch. Der Abstieg nach **Azogirés** dauert dann noch eine halbe Stunde (3.30 Std.).

In Ergänzung zur Höhle kann man nun noch die immergrüne Platane und das Höhlenkloster der 99 Väter besuchen (s. Tour 16). Am besten im Restaurant Alpha an der Hauptstraße nach dem Wärter fragen, Tel. 28230/41620; die Besitzer sprechen sehr gut Englisch. Auf der Rückseite der Speisekarte dieses Restaurants befindet sich eine selbst gezeichnete Karte mit den Wegen und Sehenswürdigkeiten der Umgebung.

Die Höhle der 99 Väter

Wer mit äußerster Vorsicht in den Höhlenschacht hineingestiegen ist und eine Taschenlampe dabei hat, erkennt in der Höhle einen von Vogelexkrementen verschmutzten Altar mit Kerzenresten, auf dem die Ikone der 99 Väter steht.

Ursprünglich gab es bei den 99 Eremiten noch einen Hundertsten, den heiligen Johannes aus Ägypten, der ihr Anführer war. Die 100 Eremiten kamen über Zypern und Kleinasien nach Südkreta und beschlossen, sich in verschiedenen Höhlen in der Umgebung von Azogirés niederzulassen. Ein ihnen gewidmetes Kloster befindet sich am Ausgang einer anderen Höhle, wenige Meter unterhalb von Azogirés. Dort ist heute ein historisches Museum untergebracht (s. Tour 16).

Eines Tages beschloss Johannes, seine 99 Brüder zu verlassen und in selbst gewählter Askese alleine weiterzuleben. Er zog sich in den Norden der Halbinsel Akrotíri zurück und lebte dort in einer Höhle in der Schlucht unterhalb des Kloster Gouvernétou (s. Tour 1).

Bevor die Eremiten auseinander gingen, legten sie einen Eid ab. Falls einer von ihnen sterben sollte, wollten alle anderen ebenfalls sterben. Jahre später verwundete ein Jäger auf Akrotíri den hl. Johannes, weil er ihn für ein wildes Tier gehalten hatte. Der Eremit schleppte sich mühsam in seine Wohnhöhle zurück, um dort zu sterben. Der Jäger folgte am nächsten Tag den Blutspuren und versprach dem Johannes, nach Azogirés zu gehen und den 99 Brüdern vom Tod ihres ehemaligen Anführers Bescheid zu geben. Als der Jäger dort ankam, erfuhr er, dass alle 99 an einem Tagen gestorben waren.

Die Legende zeigt eindringlich die soldatischen Tugenden des orthodoxen Mönchtums – »Alle für einen, einer für alle«. Nach der arabischen Besatzung, die auf Kreta 961 zu Ende ging, waren die Randgebiete des byzantinischen Reiches verwaist. Mönche wurden als unbewaffnete Soldaten und Pioniere ausgeschickt und neue Klöster gebaut, um diese Gebiete wieder zu gräzisieren. Sie boten den Neusiedlern Schutz und religiösen Beistand.

Eine örtliche Legende besagt, dass seit dem Tod der 99 Eremiten eine Platane am Höhlenkloster bei Azogirés von einem blattabwerfenden zum immergrünen Baum mutierte. Immergrüne Platanen kommen auf Kreta auch anderswo vor. Das berühmteste Exemplar steht in Gortys in Mittelkreta. Sie soll genau an der Stelle gewachsen sein, an dem sich Zeus und Europa verbanden, um den Minos zu zeugen.

Eingang zur Höhle der 99 Väter

Zwei reizvolle Bergdörfer

Von Paleochóra nach Ánidri und Azogirés

Vom Strand von Ánidri gelangen wir durch eine Schlucht hinauf ins Dorf Ánidri. Dort weist die Georgskirche relativ gut erhaltene Fresken aus dem 14. Jh. auf. Ein besonders reizvoller und größtenteils auch schattiger Fußpfad führt entlang eines Bergrückens über ein Höhlenkloster ins Olivendorf Azogirés.

DIE WANDERUNG IN KÜRZE

++ Anspruch

3.30 Std. Gehzeit

11 km Länge

Charakter: Mittelschwere Tour zunächst auf einer schattenlosen Strandpiste, dann weiter auf schmalen und steinigen Fußpfaden. Große Kiesel in der Schlucht von Ánidri erschweren den Weg etwas. Die Tour kann mit Wanderung 15 kombiniert werden.

Anstieg: 400 m

Einkehrmöglichkeiten: Am Strand von Ánidri Taverne, im Dorf reizvolles Szenelokal in ehemaliger Schule, in Azogirés zwei einfache und preiswerte Tavernen. Das Restaurant Alfa vermietet auch Zimmer.

Rückfahrt: Zurück nach Paleochóra mit dem **Nachmittagsbus** von Azogirés (Mo–Fr gegen 15.40 Uhr) oder mit dem Taxi aus Paleochóra, Tel. 28230/41128. Die Entfernung beträgt 9 km.

Sehenswürdigkeit: Widerstands-Museum im verlassenen Kloster von Azogirés. Nach dem Schlüssel im Restaurant Alfa fragen, Tel. 28230/41620.

In **Paleochóra** nehmen wir zunächst die Straße nach Ánidri und gehen dann am Campingplatz vorbei auf einer Strandpiste nach Osten. Nach vier schattenlosen Kilometern ist der **Strand von Ánidri** (1 Std.) erreicht, der uns mit einer schattigen Terrassen-Strandtaverne begrüßt. Links und rechts des kleinen Kaps Dialiskari befinden sich zwei Strände. Der westliche ist ein schattenloser Kieselstrand. Der östliche besitzt mit Buschwerk bewachsene Dünen. Hier finden sich FKK-Freunde ein. Darüber hinaus prägen Wildcamper in Zelten und anderen Unterschlüpfen das Bild. Durch eine Schlucht führt ein Weg hinauf ins Dorf **Ánidri** (knapp 2 Std.). Flusskiesel erschweren manchmal das Vorankommen, können jedoch meistens umgangen werden. Steinmännchen weisen den Weg.

Im Dorf angelangt, lohnt ein Besuch der kleinen Friedhofskirche des Ágios Giórgios, die relativ gut erhaltene Fresken des kretischen Malers Johannes Pagomenos aus dem

14. Jh. enthält. Auf den Grabsteinen des Friedhofs fällt auf, dass fast alle Verstorbenen älter als 80 geworden sind, einer sogar 102. Kreta soll nach einer Langzeitstudie der Universität Lyon aus den 90er-Jahren über die weltweit höchste Dichte hochbetagter Menschen verfügen. Einer der Toten war allerdings schon mit 24 gestorben. Ermordet, steht auf dem Grabstein – vermutlich das Opfer einer Vendetta.

An der Hauptstraße von Ánidri gibt es ein hübsches Szenelokal mit Terrasse in der ehemaligen Volksschule, das sich für eine Pause anbietet. Es heißt »To Scholeion«.

Nach der Pause in der ehemaligen Grundschule geht es weiter nach Azogirés. Wir folgen der Straße Richtung Paleochóra ca. 100 m und steigen dann auf schlecht zu gehenden Ziegenpfaden rechts steil die Böschung hinauf, um nach ca. 40 m auf einen markierten Pfad zu stoßen, der parallel zur Straße verläuft. Er führt uns nach links am Hang entlang zu einem Feldweg, dem wir in Gehrichtung folgen. (Dieser Feldweg zweigt von der Hauptstraße Ánidri-Prodromi ab, einige Meter nach der ehemaligen Schule in entgegengesetzter Richtung). Einige hundert Meter weiter treffen wir rechts auf das allein stehende letzte Haus von Ánidri. Hinter diesem Haus zweigt nach schräg rechts, die Richtung beibehaltend, ein rot markierter Fußpfad sanft ansteigend ab. Er wird uns nun ohne Orientierungsschwierigkeiten immer am Hang entlang hinauf nach Azogirés führen. Bald lassen wir die Wirtschaftsflächen von Ánidri hinter uns. Der reizvolle Fußpfad führt durch niedrige Garigue, manchmal aber auch durch dichte, Schatten spendende Macchia. Kurz vor Azogirés sehen wir links unter uns am Hang einige Hausruinen. Es handelt sich um den ehemaligen türkischen Ortsteil von Azogirés. Zu diesen Hausruinen führt eine Erdstraße hinunter, auf die wir treffen. Wir gehen in Gehrichtung ein kurzes Stück diesen Erdweg bergauf, um unseren Fußpfad wiederzufinden, der sich nun bis zum **Kloster der 99 Väter** am Ortsrand von Azogirés fortsetzt.

Nach dem Besuch des Höhlenklosters und seiner Dokumentation des Widerstandes gegen türkische und deutsche Besatzung folgen wir der hübschen Zypressenallee Richtung Dorf und stoßen bald darauf auf einen Bachlauf. Man kann jetzt links über die Brücke den Fahrweg ins Dorf hinauf nehmen und kommt dabei an der Immergrünen Platane links neben der Ölmühle vorbei, die in der Legende der 99 Väter eine Rolle spielt (s. Tour 15, S. 72). Hübscher ist jedoch der Fußpfad, der dem Bachlauf bergan folgt und über eine zweite Brücke nach wenigen Minuten die Durchgangsstraße von **Azogirés** (3.30 Std.) erreicht, der wir links ins Dorfzentrum folgen.

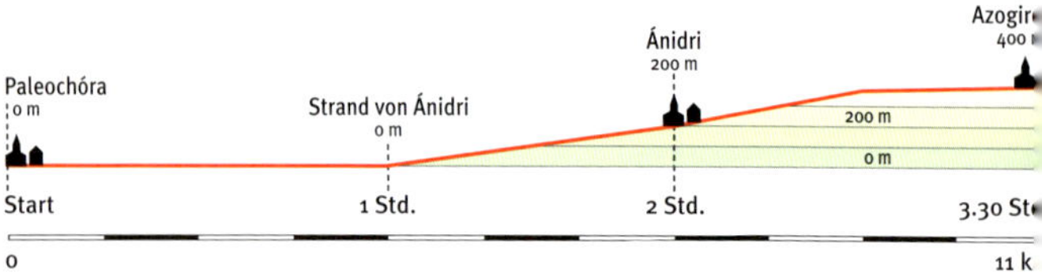

Die Schlacht um Kreta und der kretische Widerstand

Ein Raum im Klostermuseum der 99 Heiligen Väter bei Azogirés ist den Heldentaten des britisch-kretischen Widerstandes gegen die deutsche Besatzung 1941–1944 gewidmet.

Im April 1941 hatten deutsche Truppen Griechenland eingenommen. Allein Kreta war noch unbesetzt, es war strategisch wichtig als Flugzeugbasis für militärische Operationen im östlichen Mittelmeer und Nordafrika. Die alliierten Truppen, neben Briten auch Neuseeländer und Australier, insgesamt ca. 33 000 Mann, dazu die griechischen Truppen mit 10 000 Mann, erwarteten den deutschen Angriff. Auf alliierter Seite hatte der neuseeländische General Freyberg das Oberkommando, auf deutscher Seite der »General der Flieger«, Kurt Student. Und was bei der deutschen Wehrmacht »Unternehmen Merkur« hieß, nannten die Briten »Creforce«. Eine Landung von See her war wegen der überlegenen alliierten Seestreitkräfte nicht möglich. So blieb den Deutschen nur der Angriff aus der Luft. Nach dem Plan Students sollten nahezu 10 000 Fallschirmjäger abgesetzt werden. Die Deutschen hofften, so innerhalb eines einzigen Tages die von den Alliierten gehaltenen drei Flugplätze der Insel bei Maleme, Réthimno und Iráklio erobern zu können. Die Invasion begann am Morgen des 20. Mai. Die erste Angriffswelle wurde von 330 Bombern geflogen. Ihnen folgten 180 Jäger, 500 Transportflugzeuge und etwa 80 Lastensegler, die von dreimotorigen Ju 52 gezogen wurden.

Das propagandistische Nazi-Blatt *Der Stürmer* reimte damals enthusiastisch: »Gleich Adlern stürzen sie erdenwärts./Im Sturz in die Tiefe, dem Feinde ins Herz,/Verkrallt, mit stählernen Fängen,/die Stellung des Gegners zu sprengen.«

(Ein herabstürzender Adler war Wehrmachtsemblem der Fallschirmjäger und ist es bis auf den heutigen Tag in der Bundeswehr geblieben.)

Von dichter Vegetation umgeben führt diese schöne Bogenbrücke über den Fluss bei Azogirés

Die Deutschen hatten den Widerstandswillen der kretischen Zivilbevölkerung völlig unterschätzt. Mit Sicheln, Forken, Stöcken und Steinen ›begrüßten‹ Frauen, Kinder und Greise die deutschen Eindringlinge. Die deutsche Wehrmacht hatte sich willkommen, zumindest toleriert geglaubt.

Die deutschen Verluste des Unternehmens Merkur waren mit 6500 Toten höher als die des gesamten Balkanfeldzuges (hier ›nur‹ ca. 1100 Tote). Auf alliierter Seite wurden Verluste in doppelter Höhe angegeben. Das kleinere griechische Militärkontingent hatte ca. 1000 Tote zu beklagen.

Alles in allem war der Sieg der Deutschen ein Pyrrhus-Sieg. Deshalb hat die Luftwaffe danach auch keine Luftlandung größeren Stils mehr ausprobiert. Viele Historiker meinen, dass der hartnäckige alliierte Widerstand auf Kreta den deutschen Überfall auf die Sowjetunion verzögerte und damit zur Niederlage bei Stalingrad beitrug.

Kurz vor der Schlacht um Kreta war König Georg II. mit der griechischen Regierung durch die Samariá-Schlucht nach Agía Rouméli geflohen, wo sie von einem britischen Schiff in Sicherheit gebracht worden waren. In der Nacht vom 31. Mai auf den 1. Juni 1941 wurden die letzten alliierten Truppen von diversen Häfen der Südküste Westkretas von britischen Schiffen abgeholt.

Unmittelbar nach der Schlacht um Kreta, am 3. Juni 1941, wurde das Großdorf Kandanos bei Paleochóra zerstört. Dort an der Hauptstraße steht ein Denkmal mit Kopien dreier Steintafeln, die die Deutschen damals selbst aufgehängt hatten. Auf der einen steht: »Hier stand Kandanos, es wurde zerstört als Sühne für die Ermordung von 25 deutschen Soldaten.« Auf einer anderen heißt es: »Zur Vergeltung für die bestialische Ermordnung eines Fallschirmjägerzuges und eines Panzerhalbzuges durch bewaffnete Männer und Frauen aus dem Hinterhalt wurde Kandanos zerstört.« Abschreckung war also die Devise.

In den Folgejahren, bis zum Abzug der Deutschen im September 1944, formierte sich der Widerstand. Es gab auf Kreta zwei große Widerstandsorganisationen, die auch im übrigen Griechenland kämpften. Die

bürgerlich-monarchistische EOK arbeitete mit britischen Agenten zusammen.

Die Ausstellung in Azogirés zeigt z. B. Fotos von Patrick Leigh-Fermor und Stanley Moss, die in der Nacht vom 26. auf den 27. April 1944 die Entführung des deutschen Generals Karl Kreipe aus seinem Hauptquartier bei Iráklio organisiert hatten (Foto-Nummern 22, 25, 33, 46, 78 und 83). Leigh-Fermor war nicht nur Soldat, sondern damals schon ein bedeutender englischer Reiseschriftsteller.

Im Sommer 1944, als sich der Abzug der Deutschen schon abzeichnete, kollaborierte die EOK mit den Deutschen, um dafür Waffen einzutauschen, die sie für die kommende Auseinandersetzung mit der linken Widerstandsbewegung EAM (Nationale Befreiungsfront) brauchte. Die EAM war mit Abstand die größte griechische Widerstandsbewegung. Ihr bewaffneter Flügel, die ELAS, zählte 1944 ca. 70 000 Soldaten. Außerhalb dieser Organisationen leisteten auf Kreta aber auch Unorganisierte Widerstand, die sich um einen »Kapitanios« scharten, der von ihnen als Führer anerkannt war.

Der Konflikt zwischen EOK und EAM war ein Vorspiel zum griechischen Bürgerkrieg 1946–1949, der auch auf Kreta ausgekämpft wurde. Hier fand er im Sommer 1948 mit der Niederlage der Linken in der Samariá-Schlucht sein Ende.

Auf den Spuren der Antike

Von Paleochóra nach Soúgia

Entlang der einsamen und unbebauten Südküste geht es an Klippen und Buchten entlang ins antike Heilbad Lissós, in dem Asklepios verehrt wurde. Lissós liegt in einem verlassenen Tal, das bis heute nur zu Fuß oder per Boot erreichbar ist. Gegen Ende der Wanderung beeindruckt eine kiefernbestandene Schlucht mit steilen Wänden.

DIE WANDERUNG IN KÜRZE

++ Anspruch

5 Std. Gehzeit

15 km Länge

Charakter: Mittelschwere, lange Tour, anfangs auf einer Fahrpiste, dann nach gut 1 Std. auf einem steinigen Küstenpfad. Zwei steile Aufstiege von je 45 und 20 Min. sind zu bewältigen. Im Hochsommer möglichst früh aufbrechen.

Markierung: Durchgehend mit gelb-schwarzen E4-Schildern und gemalten Zeichen

Einkehrmöglichkeiten: Im Sommer Kantinenwagen am Strand von Ánidri, sonst nur am Ende der Tour in Soúgia Restaurants und Pensionen

Rückfahrt: Die Wanderung beginnt direkt in Paleochóra. Zurück während der Saison täglich, im Winter nur 1–2 Mal pro Woche mit dem **Schiff,** das zwischen Chóra Sfakíon, Agía Rouméli und Paleochóra verkehrt. Abfahrt in Soúgia während der Saison ca. 17–17.30 Uhr. **Achtung:** Starke Südwinde können die Schifffahrt an der Südküste Kretas zum Erliegen bringen. Dann muss man mit dem (teureren) **Taxi** zurückkehren. Taxi Paleochóra: 08230/41128, Taxi Soúgia: 08230/51362.

Man verlässt **Paleochóra** über die Asphaltstraße nach Ánidri, bleibt dann aber immer in Strandnähe und gelangt am Campingplatz vorbei auf einer Fahrpiste nach 1 Std. zum **Strand von Ánidri**. Diese Strecke ist eher unattraktiv; während des ganzen Weges jedoch verspricht der

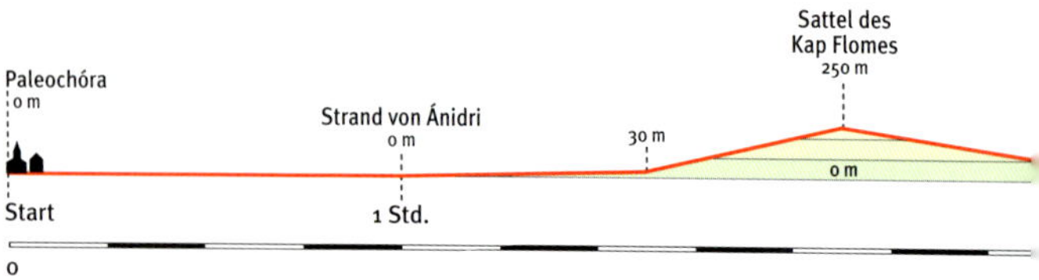

Im abgeschiedenen Tal von Lissós bieten sich zahlreiche Möglichkeiten, antiken Spuren nachzugehen

Blick auf das Kap Flomés mit seinem Gipfel Pidaráki (362 m) interessantere Wegführungen. Dieses Kap werden wir über einen Sattel queren, durch die tiefste Senke zwischen Kap und eigentlichem Festland. Doch zunächst bleiben wir in Meeresnähe. Am Ende des Sandstrandes von Ánidri beginnt endlich ein reizvoller steiniger Pfad, der sich um kleine Buchten und größere und kleinere Kiesel hindurchschlängelt.

Nach zwei Stunden beginnt der schweißtreibende Aufstieg zum Sattel des Kaps Flomés. Oben auf dem **Sattel** (3 Std.) angelangt, erreichen wir eine kleine bewirtschaftete Hochebene mit Tränken und Pferchen für Schafe und Ziegen. Hier kann die Wasserflasche aufgefüllt werden. Unser Pfad wird zu einem befahrbaren Feldweg, der 10 Min später auf einen Querweg stößt, ein Wege-T also. Wir gehen weder nach links noch nach rechts, sondern behalten unsere Richtung nach Osten bei: Ein steiniger Pfad beginnt, der uns anfangs geradewegs, später steil in Serpentinen durch ein Wacholderwäldchen hinunter in das Tal von **Lissós** führt, das wir nach 4 Std. erreichen.

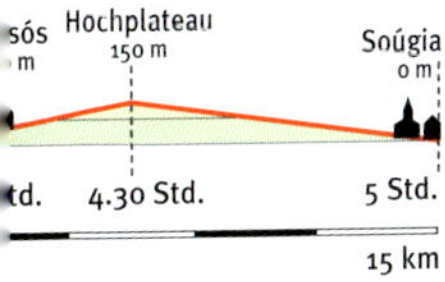

Es lohnt sich, in diesem abgeschiedenen Tal etwas umherzustreifen und antike Spuren aufzustöbern. Im Sommer bewacht ein Wärter die bisher noch nicht ausgegrabene Stätte. Gegen Ende des Abstiegs ins Tal erkennt man rechts einzelne tonnengewölbte Bauten, die sich wie Häuser den Hang hinaufziehen. Es handelt sich um eine römische Gräberstätte des 2. und 3. Jh. Die Gräber waren innen mit Stuck verziert und zeigen noch Reste von Bemalung. Später dienten sie Hirten als Behausung.

Dort, wo auf der anderen Seite des Tals der Aufstieg Richtung Soúgia beginnt, stehen beachtliche Reste eines frühhellenistischen Asklepiostempels mit einem später, im 1. Jh., eingebauten Fußbodenmosaik aus roten, dunkelgrauen, weißen und hellblauen Steinen. Neben geometrischen Mustern finden sich einzelne Tierdarstellungen, gut erkennbar sind ein Hahn und ein Rind – wahrscheinlich Opfertiere für den Heilgott Asklepios, der vermutlich in der zerstörten Mitte des Mosaiks dargestellt war. Vor der Ostwand des

Tempels erhob sich das Kultbild des Gottes auf einer Stufenbasis. Links daneben ist bis heute ein Steinbecken gut erhalten. Es besitzt einen Durchlass in die Erde, in den flüssige Opfergaben gegossen wurden. Nordöstlich des Tempels lagen die Therapieeinrichtungen.

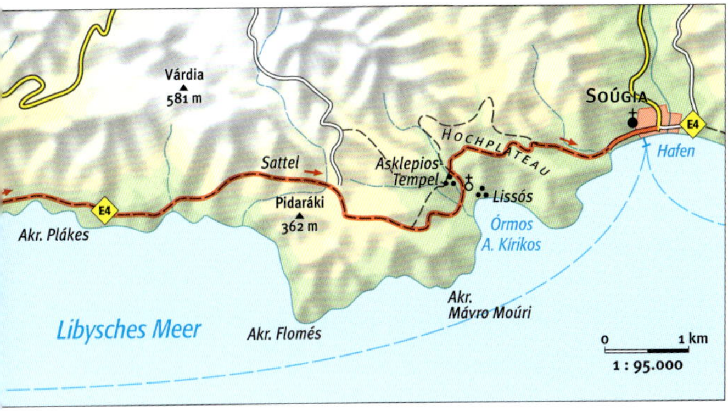

Der nun gut ausgebaute Pfad nach Soúgia führt gleich am Tempel in Serpentinen aus dem Tal hinaus auf ein **Hochplateau**, das zu einem Kap gehört – die letzte Hürde, die uns von Soúgia trennt. Der Anstieg sieht von ferne beschwerlicher aus, als er ist; in gut 20 Min. hat man ihn geschafft.

Immer den Markierungen folgend, überqueren wir das Hochplateau und steigen schließlich durch eine kleine Schlucht, die auch im Winter begehbar ist, nach Soúgia herab. Dieses letzte Wegstück ist besonders reizvoll, mächtige Kiefern und steile Schluchtwände spenden uns Schatten. Schließlich taucht der winzige Fischerhafen von Soúgia vor uns auf, der durch eine mächtige Betonmole vor dem offenen Meer geschützt ist. Man achte in der Hafeneinfahrt auf die deutlich erkennbare ehemalige Meereslinie 2–3 m über dem heutigen Meeresspiegel. Kreta hat sich im Westen gehoben. Bis heute ist übrigens diese »Orogenese« nicht abgeschlossen. Antike Hafenanlagen, wie zum Beispiel die der Polis Phalassarna, liegen heute 2–3 m über dem Meer.

Vor dem Hafen befindet sich der Anleger für die Fährschiffe. Vom Hafen ins Zentrum von **Soúgia** sind es jetzt nur noch wenige Minuten (knapp 5 Std.).

Auf der Rückfahrt von Soúgia nach Paleochóra

Tour 18

Agía-Iríni-Schlucht

Von Epanochóri nach Soúgia

Der tiefe Graben der Iríni-Schlucht trennt das Hügelland von Selino vom Massiv der Weißen Berge, das sich östlich der Schlucht auftürmt. Sie ist etwa halb so lang wie die Samariá-Schlucht, aber kaum weniger spektakulär.

DIE WANDERUNG IN KÜRZE

+ Anspruch

4.15 Std. Gehzeit

650 m Abstieg

Charakter: Schattige Schluchtwanderung auf gut präpariertem Weg mit Rastplätzen, Kilometerangaben und Informationstafeln. Die eigentliche Schlucht ist nur 7 km lang, es folgen 2 km Schotterweg und 3 km Asphaltstraße. Keine Orientierungsschwierigkeiten. Wasser kann mehrmals unterwegs aufgefüllt werden. Gesamtlänge: 12 km

Markierung: Ausgeschildert

Einkehrmöglichkeiten: In Epanochóri (1 km vom Schluchteinstieg entfernt) vermietet eine Taverne Zimmer (Tel. 28230/51330) und bietet schon morgens ein rustikales Frühstück. Café am Schluchteingang, Snackbar am Schluchtende (in den Wintermonaten allerdings geschlossen)

Anfahrt: Mit dem **PKW:** Frühaufsteher parken ihr Fahrzeug am besten auf der Asphaltstraße am Schluchtende und halten anschließend den Ktel-Bus an, der Soúgia um 7 Uhr verlassen hat. Alternativ bestelle man aus Sougia ein Taxi, Tel. 28230/51403. Mit dem **Bus:** Anfahrt mit den Ktel-Bussen zur Samariá-Schlucht um 7 Uhr ab Soúgia oder Mai–Oktober ca. 6 Uhr ab Paleochóra. Bushaltestelle direkt am Einstieg. Anstelle der letzten Kilometer auf der Asphaltstraße nach Soúgia kann man auf den Nachmittagsbus Chaniá–Soúgia warten, der gegen 14.45 Uhr vorbeikommt. Zurück nach Paleochóra am Nachmittag mit dem **Schiff.** Im Sommer fährt evl. ab Soúgia ein **Pendelbus** zum Schluchtausgang. Viele Samaria-Ausflugsbusse nehmen Rückkehrer in Sougia auf und fahren am Eingang der Irini-Schlucht vorbei.

Hinweise: Nach längeren Regenfällen im Winter und Frühjahr muss man bei den Bachüberquerungen nasse Füße in Kauf nehmen. Am Schluchteingang wird während der Saison ein geringes Eintrittsgeld erhoben.

Auf halbem Wege zwischen den Dörfern Epanochóri und Agía Iríni befindet sich der **Einstieg in die Agía-Iríni-Schlucht.** Wir treffen auf einen ersten Rastplatz, an dem man seine Wasserflasche mit bestem Trinkwasser auffüllen kann. Weitere Rastplätze werden nach 45 Min und 1.30 Std. Gehzeit folgen und ebenso weitere Möglichkeiten, Wasser aufzufüllen.

Wir folgen dem Bachlauf, Zypressen und riesige Orientalische Platanen säumen den Weg. In den Felsspalten wächst Diktam. Bald müssen wir das erste Mal den Bach überqueren. Wenn dies hier ohne nasse Füße gelingt, sollten auch die anderen Bachüberquerungen trockenen Fußes möglich sein. Später fließt der Schluchtbach ohnehin unterirdisch weiter.

An der Einmündung eines Seitentals von links informiert eine Tafel über ein »Bandit Settlement« von 1715 bis 1820. In jener Zeit, unter der osmanischen Herrschaft, hatten sich kretische Rebellen hierher zurückgezogen. Ein Fluchtweg führte von hier durch das Seitental hinauf Richtung Omalós. Daher heißt dieses Tal heute noch »Figous« (von altgr. *phygas*, der Flüchtling).

Wer die einfache Wanderung durch die Schlucht durch eine mittelschwere Variante verlängern will (s. Alternativroute unten), erreicht durch dieses Seitental den Schluchtweg.

Nach 2.30 Std. öffnet sich die Iríni-Schlucht zum Tal, an dessen Hängen nun Olivenfelder erscheinen. Wir können nun das Bachbett mit seinen großen und kleinen Kieseln verlassen und links einige Meter zu einem Feldweg aufsteigen, der parallel zum Bachbett Richtung Soúgia führt. Wir erreichen eine Snackbar, wo man sich telefonisch ein Taxi bestellen kann, und einen **Parkplatz** (3 Std.). Nun geht es wenig reizvoll auf der Schotterstraße weiter zur Teerstraße, die von Koustogérako hinunter kommt. Der müssen wir rechts über die Brücke zur Hauptstraße Chaniá–Soúgia folgen. Nach 3 km auf Asphalt haben wir den Strand von **Soúgia** erreicht (4.15 Std.).

Alternativroute

Wer sich den letzten wenig attraktiven Teil der Wanderung ersparen möchte, kann hinauf ins Dorf Moní gehen und auf dem Wege dorthin eine Kirche mit bedeutenden Fresken und einem Glockenturm aus dem 14. Jh. besuchen. Auf dem Schotterweg vom Parkplatz am Schluchtausgang

Kiche in Moní

nach Süden passieren wir eine venezianische Brücke, deren Bogen heute isoliert im Bachbett steht. Hier überqueren wir den Bach und gehen durch die Olivenfelder ca. 500 m zur Nikólaoskirche. Ihr hoher Glockenturm erinnert mit seinem abgestuften, filigranen Mauerwerk an einen italienischen Campanile. Innen ist die Kirche mit Fresken des Johannes Pagomenos ausgemalt (vgl. Giórgios-Kirche in Azogirés, Tour 16). Von der Kirche aus führt ein Weg in 20 Min. hinauf nach **Moní.** In authentischer Dorfatmosphäre kann man dann in der Taverna auf den Bus von Chaniá nach Soúgia warten, der gegen 14.45 Uhr vorbeikommt.

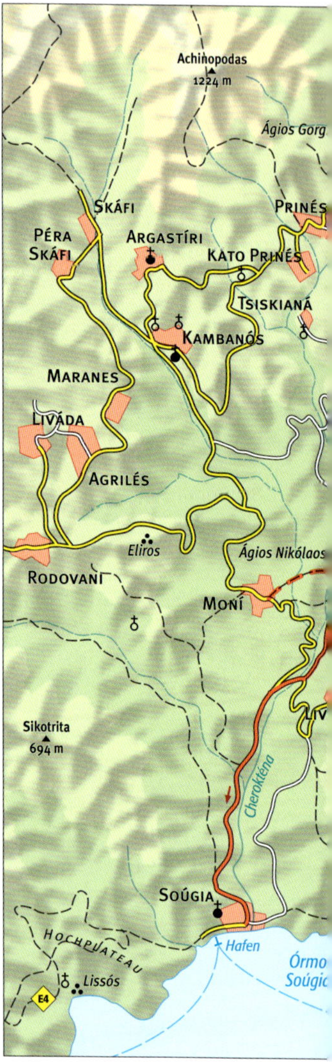

Längere Variante

Wer die Wanderung zu Anfang durch einen Schlenker um 2 Std. ausdehnen will und sich einen steilen Anstieg zutraut, folgt dem alten Maultierweg hinauf nach Omalós und damit einem Teilstück des heutigen E4. Diese Extra-Tour macht die Wanderung mittelschwer bis anspruchsvoll. Wir gehen zu Beginn der Wanderung nicht am Bach entlang die Schlucht hinunter, sondern überqueren den Bach auf der steinernen Brücke. Der alte Maultierweg führt steil und in Serpentinen den Hang hinauf, streckenweise ist das Pflaster sehr gut erhalten. Eine knappe Stunde nach

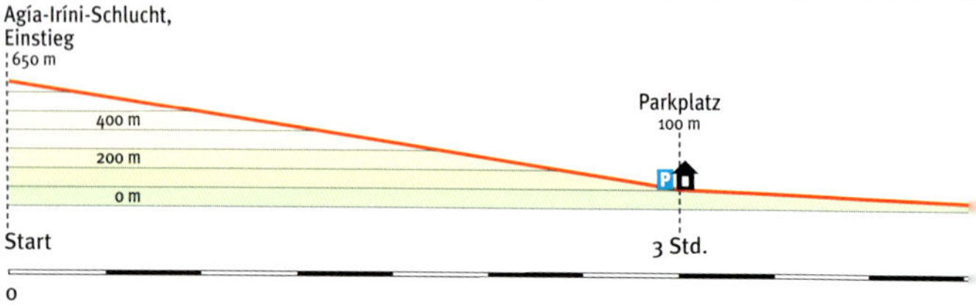

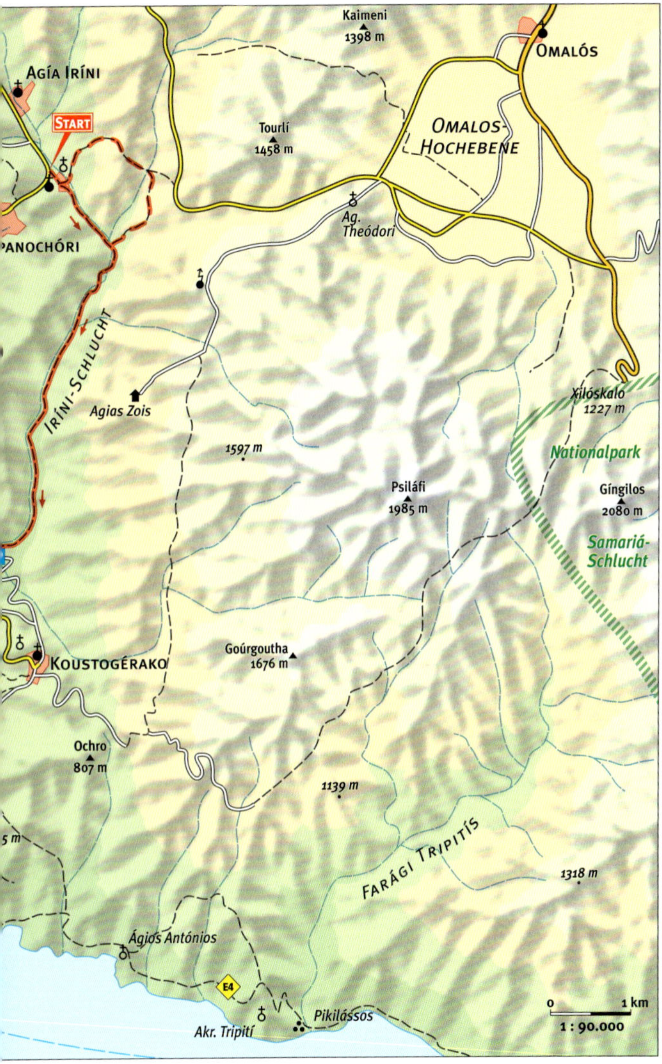

der Steinbrücke in der Schlucht passieren wir eine schmale Zypresse neben der Ruine eines Steingebäudes. 20 m danach zweigt nach rechts ein Pfad ab, der steil und manchmal über Geröll durch ein Seitental in die Iríni-Schlucht zurückführt.

Tour 19

Höhentour ins Partisanendorf

Vom Rande der Omalós-Hochebene nach Koustogérako
Durch lichte und immergrüne Zypressen-, Eichen- und Kiefernwälder führt diese Panoramawanderung an den Hängen der Weißen Berge entlang hoch über den Hügeln des Selino-Bezirks ins winzige, abgelegene Bergdorf Koustogérako.

DIE WANDERUNG IN KÜRZE

+++
Anspruch

4.30 Std.
Gehzeit

14 km
Länge

Charakter: Anspruchsvolle Streckenwanderung, Trittsicherheit erforderlich

Einkehrmöglichkeiten: Kafenion in Koustogérako

Anfahrt: Mit dem **Linienbus** ab Soúgia oder Paleochóra zur Samariá-Schlucht: Mai– Okt. ca. 6.15 Uhr ab Paleochóra, 7 Uhr ab Soúgia (am Seli-Pass umsteigen, Anschlussbus wartet). Aussteigen an der Kirche Ágii Theódori. In der Nebensaison ab Soúgia Frühbus nach Chaniá bis zum Seli-Pass. Von dort zum Beginn der Wanderung 7 km Teerstraße. Oder Taxi ab Soúgia. Für die **Rückkehr** kann man sich in Koustogérako im Kafenion ein Taxi rufen lassen (Taxi Soúgia 08230/51362), oder man geht die 6 km bis Soúgia stets bergab (s. Tour 20, Teilstrecke in Gegenrichtung). Ab Soúgia zurück nach Paleochóra: ca. 17.30 Uhr mit der Fähre. Ab Chaniá fahren auch **Ausflugsbusse** auf die Omalós-Ebene, die die Wanderer in Soúgia um 17.30 Uhr vom Fähranleger abholen (Auskunft im Reisebüro, z. B. Elafonísi Tours). Man steigt dann in Omalós aus, geht ohne Orientierungsschwierigkeiten auf die Kapelle Agíi Theódori zu, die von weither sichtbar ist.

PKW: Beim Ausgangsort abstellen, zurück ab Koustogérako oder ab Soúgia mit dem Taxi.

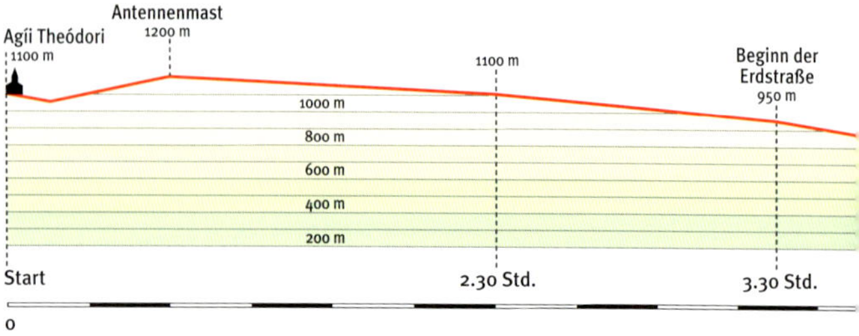

Ein kleiner Pavillon am Beginn der Erdstraße lädt zu einer Rast ein

Vom **Pass,** der den Blick auf die morgens noch im Dunst liegende Omalós-Ebene eröffnet, gehen wir ab dem Kirchlein **Agíi Theódori** 500 m auf der Asphaltstraße Richtung Westen, bis eine steinige Erdstraße halblinks den Hang hinaufführt. Ein Schild weist zur Schutzhütte *(katafygion)* Agias Zois, wo diese Stichstraße endet. Wir folgen ihr und passieren nach 30 Min. einen großen rot-weißen **Antennenmast**.

Jetzt geht es im Wesentlichen auf gleicher Höhe weiter. Unter uns liegen die schmucken Dörfer des Selino inmitten der abgeholzten Hügel. Nach einer Stunde heißt es aufgepasst: Nicht den Abzweig nach Koustogérako verpassen! An einer Rechtskurve liegt wenige Meter links unterhalb unserer Erdstraße eine Betonruine mit zwei länglichen Tränken, zu der ein Fahrweg abzweigt – hier kann die Wasserflasche aufgefüllt werden. Just an dieser Abzweigung kennzeichnen Steinmännchen und rote Punkte den sonst nicht deutlich erkennbaren Pfad nach Koustogérako.

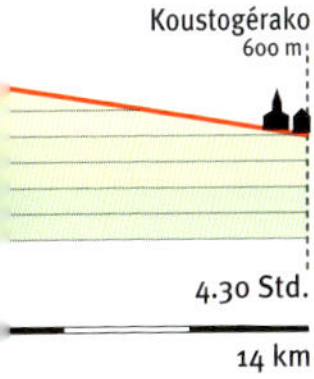

Abstecher

Wer zuvor die Wanderung um einen lohnenden Abstecher verlängern möchte, folge der Erdstraße noch 20. Min zur **Schutzhütte Agias Zois,** die sagenhaft schön auf einem Felsvorsprung über der Agía-Iríni-Schlucht liegt. Hier sind hübsche Pfade angelegt, hölzerne Geländer, Bänke und Mülleimer aufgestellt – eine der vielen neueren Anlagen des kretischen Agrotourismus, die mit EU-Geldern zwar in Angriff genommen, jedoch noch nicht ganz abgeschlossen sind.

Unser schmaler, felsiger Steig führt zunächst bergauf, dann aber bald ohne viel Auf und Ab auf glei-

cher Höhe entlang der Hänge des Psiláfi (1985 m) entlang, später tendenziell bergab. Rote Markierungen und Steinmännchen helfen, ihn sicher auszumachen. Lichte Haine mit gedrungenen, sturmgepeitschten Zypressen, immergrünen Steineichen und gewaltigen Schwarzkiefern spenden immer wieder Schatten und laden zur Rast. Andererseits fallen ganze Hänge entwurzelter Bäume auf, Opfer von Stürmen und Waldbränden. Nach 3 Std. kündet eine Stallruine das Wirtschaftsge-

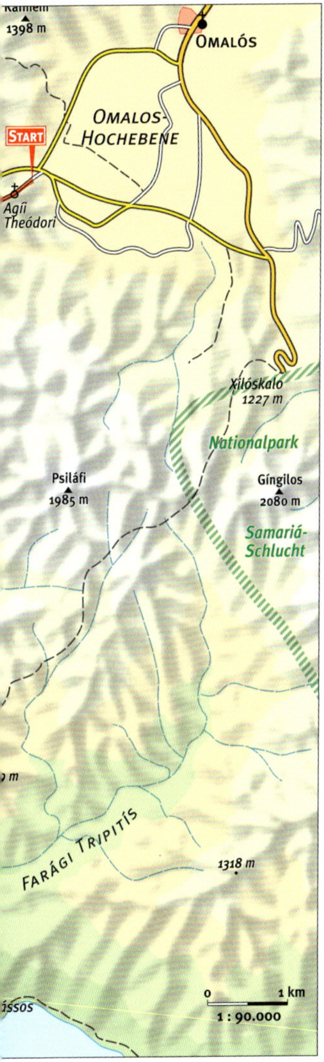

biet von Koustogérako an. Wir umrunden eine Schlucht mit Steilwänden und einem im Sommer ausgetrockneten Wildbach. Nun wird der Weg breiter und bequemer, teilweise sind alte Pflasterungen eines Maultierweges zu erkennen.

Dann treffen wir auf schwarz-gelbe E4-Schilder, die Bergpfade von Xilóskalo und vom Gíngilos vereinigen sich von links oben kommend mit unserem Steig. Nun ist die Orientierung noch einfacher. Überdeutlich führen uns die E4-Schilder ein breites Bachtal hinab. Nach 3.30 Std. treffen wir an einem Kirchlein neben einem Holzpavillon mit Bänken auf den **Beginn einer Erdstraße,** die in Serpentinen 4–5 km hinunter nach Koustogérako führt. Einige Male kürzen steile Fußpfade die Kurven ab, man folge den Schildern des E4. Nach insgesamt 4.30 Std. Gehzeit ist **Koustogérako** erreicht.

Nach Soúgia

Wer es in Koustogérako nicht vorzieht, sich im Kafenion ein Taxi aus Soúgia rufen zu lassen, kann auf Pfaden, Feldwegen und auch ein Stück auf der Zufahrtsstraße weiter nach Soúgia wandern. Links neben dem Haus Nummer 42 an der Platia führt ein Pfad den Berg hinab Richtung Livadás. Wir treffen ca. 150 m vor dem Dorf auf die Asphaltstraße, der wir links bergab folgen. Bei der dritten Kehre nach dem Ort gehen wir links einen nicht asphaltierten Fahrweg Richtung Soúgia, bis wir bei einem E4-Schild oberhalb Soudas rechts zum Flussbett hinabsteigen (6 Std.). (Die reizvolle Strecke ist bei der Rundwanderung 20 in umgekehrter Richtung beschrieben.)

Die Zerstörung Koustogérakos durch die deutsche Luftwaffe

Ein Monument am Orteingang von Koustogérako erinnert an ein Verbrechen der Wehrmacht, das im Sep-

Hier zweigt der Pfad nach Koustogerako vom Fahrweg ab

tember 1943 begangen wurde. Über einer theaterähnlichen Stufenanlage wird auf drei Stelen der Zerstörung der Dörfer Moní, Livadás und Koustogérako gedacht, die von der Luftwaffe bombardiert worden waren. Über der Anlage erhebt sich eine Stahlrohrpyramide.

Männer aus Koustogérako hatten im Zweiten Weltkrieg mit britischen Agenten Kontakt, die sich oberhalb des Dorfes in den Weißen Bergen versteckt hielten. Die Untergrundkämpfer hielten Funkkontakt mit den britischen Basen in Ägypten und führten auf Kreta Sabotageaktionen aus. Das größte Heldenstück dieser Gruppe war die Entführung des kommandierenden Generals der 22. deutschen Panzergrenadierdivision, Karl Kreipe, aus seinem Hauptquartier bei Iráklio. Einer der vier Kreipe-Entführer war der legendäre Manolis Patterakis aus Koustgérako. Wegen der Zusammenarbeit mit den Engländern wollten die Deutschen alle Einwohner, derer sie habhaft werden konnten, erschießen. Frauen, Kinder, Alte wurden auf der Platia zur Hinrichtung aufgestellt. Doch kurz vor den tötlichen Schüssen kamen die Männer des Dorfes aus ihren Verstecken in den Bergen zu Hilfe und schossen aus einigen Hundert Metern Entfernung auf das Hinrichtungskommando. In dem nun entstandenen Durcheinander konnten die Delinquenten fliehen, nicht ohne den einen oder anderen Deutschen anzurempeln.

Eine der damals in letzter Sekunde Geretteten war die Schwester des Manolis Patterakis, Sophia. Sie heiratete nach dem Krieg nach Azogirés. Ihr Sohn wanderte nach Amerika aus. Nachdem er dort zu Geld gekommen war, eröffnete er in Azogirés das Restaurant Alfa (s. Tour 15 und 16). Heute werden Sie dort von ihrem Enkel Eftychios bedient. Im Restaurant hängt ein gerahmter Zeitungsartikel, in dem der Sophia Patterakis gedacht wird.

Klippen der Südküste

Rundwanderung von Soúgia nach Koustogérako

Diese Rundwanderung auf Pfaden und Fahrwegen bietet herrliche Ausblicke auf die Dörfer des Selino und die wilde, unbebaute Südküste. Sie erlaubt interessante Abstecher zum Kap Tripití und zur Kirche des hl. Antónios mit ihren Süßwasserquellen.

DIE WANDERUNG IN KÜRZE

+++ Anspruch

5 Std. Gehzeit

17 km Länge

Charakter: Anspruchsvolle Rundwanderung vorwiegend auf alten Verbindungspfaden, aber auch auf Erdwegen und ein Stück auf der kaum befahrenen Asphaltstraße bei Livadás. Der wenig begangene Abstieg vom Sendemast zum Europawanderweg 4 erfordert Trittsicherheit und ist nicht immer hinreichend markiert.

Einkehrmöglichkeiten: Kafenion in Koustogérako, Pensionen und Restaurants in Soúgia

Anfahrt: Wer nicht mit dem eigenen Fahrzeug kommt, sollte in Soúgia Quartier nehmen. **Fährverbindung** von Paleochóra Mai–Okt., Abfahrt Paleochóra 9.30 Uhr, Ankunft Soúgia 10.30 Uhr, Abfahrt Soúgia 17.30 Uhr, so bleiben 7 Stunden für die Wanderung. (Zeiten aber unbedingt vorher prüfen!)

Von der Strandpromenade von **Soúgia** aus können wir einzelne Strecken unserer Wanderung überblicken. Schauen wir also nach Osten. Diesen Sendemast werden wir nach 2.45 Std. Gehzeit passieren. Darunter können wir die Abbrüche eines Fahrweges erkennen, der von Norden (links) her kommend zu einem Hochplateau über einer Felsnase führt, die den Strand von Soúgia im Osten abgrenzt. Auf diesem nicht asphaltierten Weg gehen wir zu Anfang nach links und kommen am Ende der Wanderung vom Hochplateau her zurück.

Am Ortsende von Soúgia gehen wir das Flussbett entlang ca. 150 m flussaufwärts, bis wir einen Fahrweg erkennen, der durch das Flussbett zu einem Haus mit rotem Dach auf der gegenüberliegenden Seite führt (E4-Schilder). An der Nordseite dieses Hauses vorbei wird der Fahrweg zum Pfad, es geht hinauf zu jenem Fahrweg, den wir unten in Soúgia schon ausgemacht haben. Jetzt also nach links.

Nach etwa 30 Minuten erreichen wir die **Asphaltstraße,** die uns nach Livadás führt. Ca. 150 m hinter Livadás verlassen wir die Straße: Hier beginnt bei einer Linkskurve ein Fußpfad im Zickzack hinauf nach Koustogérako, den Einstieg zeigt ein Steinmännchen an. Er endet direkt auf der Platia des Dorfes. Nun ist der schweißtreibenden Anstieg geschafft. Das Kafenion von **Koustogérako** (2 Std.) bietet sich zur verdienten Pause an. Politisch Interessierte werden vielleicht zum Widerstandsdenkmal am Ortseingang gehen (s. S. 89 f.).

Zur Weiterwanderung begeben wir uns an die Stelle neben dem Haus Nummer 42, an der wir angekommen waren. Wir nehmen den Fahrweg, der unmittelbar links neben dem Fußpfad den Hang hinaufführt, und gehen nach 10 m bei einer Gabelung rechts. Dieser Weg führt zunächst auf gleicher Höhe, später sanft absteigend zum Sendemast, den wir in Soúgia schon gesehen haben. Wir werden mit schönen Ausblicken auf die liebliche Landschaft des Selino belohnt, kommen durch lichte Kiefernwaldbestände, und bald taucht auch schon der Sendemast vor uns auf. 300 m vor ihm entdecken wir links am Wege ein interessantes Phänomen des kretischen Karstes: eine kraterähnliche Doline. Hier ist der Oberflächen-Kalkstein in eine unterirdische Höhle eingestürzt, in der bis heute das Regenwasser in unergründlichen Schlunden verschwindet.

Ca. 100 m vor dem **Sendemast** (2.45 Std.) müssen wir gut aufpassen. Ein mit Steinmännchen markierter schmaler Ziegenpfad führt durch einen Zaun über einen kleinen Sattel den Hang hinunter. Er wird uns zum E4 führen, der von Soúgia über das Kap Tripití nach Agía Rouméli führt. Wir müssen beim Abstieg der Versuchung widerstehen, durch eine der vielen Trockenbachtäler auf den Spuren der Ziegen nach rechts steil hinabzusteigen. Der richtige Weg, der leider nicht immer hinreichend gekennzeichnet ist, führt mal sanft, mal steil absteigend, mal aber auch leicht ansteigend immer am Hang entlang, wobei wir die Trockenbäche umgehen müssen. Nach knapp einer Stunde etwas mühsamen Abstiegs zum Teil auch über losen Untergrund erreichen wir am Rande eines Talabbruchs eine kleine Betonsäule mit einem Kreuz darauf, ein *Ikonostasion* also, wie man es sonst an Straßenrändern sieht. Jetzt ist es nicht mehr weit zum E4. Wir umrunden auch dieses Tal und stoßen nach etwa 200 m im spitzen Winkel auf den recht ausgetretenen Küstenwanderweg, ein Teilstück des **Europawanderwegs 4** (3.45 Std.). Unter einer Piniengruppe befindet sich ein schattiger Rastplatz.

Wer jetzt noch einen einstündigen Abstecher zum Strand bei der Kapelle des hl. Antónios unternehmen möchte, geht links. Im Flussbett dieses Strandes quillt an einigen Stellen Süßwasser mit salzigem Beigeschmack hervor. Wer jedoch ohne weitere Verzögerung nach Soúgia zurückkehren möchte, geht rechts. Ab jetzt gibt es keine Orientierungsschwierigkeiten mehr. Wir gehen

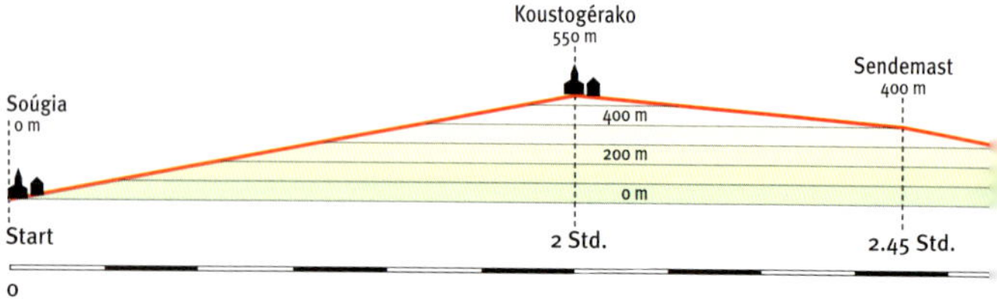

zum **Hochplateau über Soúgia** (4.30 Std.) und folgen der Erdstraße, die dort endet, bergab, um nach kurzer Zeit wieder an der Abzweigung zu stehen, an der wir zu Beginn unserer Wanderung nach links abgebogen sind. Nach insgesamt 5 Std. Gehzeit ist **Soúgia** erreicht.

Variante: Auf dem Küstenpfad von Soúgia zum Kap Tripití

Eine noch ausgedehntere, ebenso anspruchsvolle Wanderung von 7–8 Stunden Gehzeit führt hin und

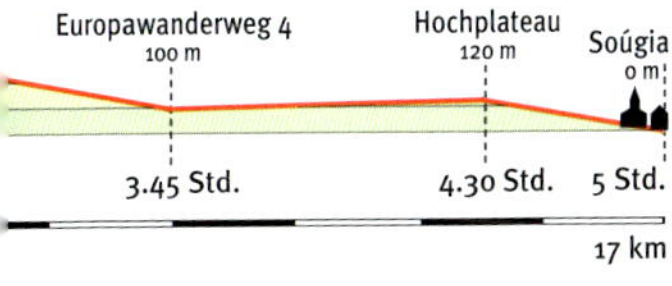

zurück auf dem Küsten-E4 zum Kap Tripití, das man von Soúgia aus sehen kann: ein steiler Hügel, durch einen Sattel mit der Insel verbunden. Wenn die Sonne nachmittags auf das Kap scheint, sieht man deutlich die weiße Kapelle des Profitis Elias auf seiner Spitze. Auf dem Sattel lag die antike Polis Pikilasos, von der heute nichts mehr erhalten ist. Der Weg dorthin ist so gut markiert und so sehr ausgetreten, dass sich eine Beschreibung erübrigt. Wir nehmen zu Beginn den Weg wie bei Tour 20 beschrieben, biegen dann aber rechts ab zum Hochplateau über der Felsnase östlich von Soúgia. Ab dort wird der Fahrweg zum Pfad.

Eine Weiterwanderung nach Agía Rouméli ist möglich, dauert aber zwei Tage: Für diese Tour muss man unbedingt genügend Trinkwasser (im Hochsommer pro Person 5 l Wasser!), Proviant, einen Schlafsack und eine Isomatte mit sich führen.

Tour 21

Zum südlichsten Ende Europas

Insel Gávdos: Rundwanderung von Kórfos zum Kap Tripití und über Vatsianá zurück

Mit ihren lichten Wäldern, feinsandigen Dünen, schroffen Steilküsten und glasklaren Wassern präsentiert sich das fast autofreie Gávdos als eine der ungewöhnlichsten Inseln Griechenlands. Der gut ausgebaute Küstenpfad bietet hinreißende Ausblicke.

DIE WANDERUNG IN KÜRZE

++ Anspruch

4 Std. Gehzeit

11 km Länge

Charakter: Bis zum Kap Tripití leichte, durch den Anstieg nach Vatsianá im Ganzen mittelschwere Wanderung auf angelegten Pfaden (Seitenbegrenzungen, an schwierigen Stellen Geländer) sowie auf einem unbefahrenen Erdweg

Ausrüstung: Badezeug

Einkehrmöglichkeiten: In Vatsianá Kafenion, Tavernen am Strand von Kórfos

An-/Abfahrt: Zur Insel Gávdos ganzjährig mit dem **Schiff.** In den Sommermonaten bis zu 4 x pro Woche **Ausflugsdampfer** ab Paleochóra oder Chóra Sfakíon mit Anschlussbooten ab Loutró und Agía Rouméli (morgens zwischen 9 und 10 Uhr, Rückkehr nachmittags). So ergeben sich ca. 4 Stunden nutzbare Zeit auf Gávdos. **Autofähre** 1 x pro Woche. **Zum Strand von Kórfos:** Vom Hafen Gemeindebus sowie mehrere private Transportfahrzeuge zu den attraktivsten Stränden, u. a. dem Kórfos-Strand.

Unterkunft: Die Tavernen am Strand von Kórfos vermieten auch Zimmer. Familie Tsigonakis, Tel. 08230/41104, Familie Michelarakis, Tel. 08230/42166, im Winter in Chaniá: 08210/81678

Hinweise: Tagesausflügler sollten sich mit der (leichten) Teilstrecke der Wanderung bis zum Kap Tripití begnügen und dort wieder umkehren.

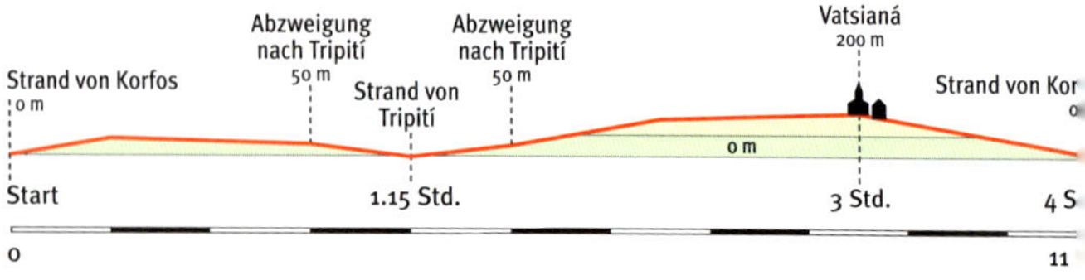

Unsere Rundwanderung beginnt am **Strand von Kórfos,** unmittelbar an der Taverne Akrogiali. Unerwartet und ungewöhnlich für griechische Verhältnisse beginnt hier ein angelegter Pfad mit Seitensteinen, Entfernungsangaben und Stufen, an schwierigen Stellen sogar mit Geländern. An schattigen Stellen sind Picknicktische und Papierkörbe aufgestellt.

Unser Weg führt durch lichten Wald, bestehend aus vom Wind geduckter *Pinus brutia,* hin und wieder durchsetzt von Phönizischem Wacholder. Durch zwei Schluchttäler, immer mit schönen Ausblicken auf Insel und Meer, erreichen wir so eine bäuerliche **Sommersiedlung,** ein paar Ställe aus Natursteinen beim Kilometerstein 1. Hier gilt es, eine **Abzweigung** (1 Std.) zu beachten. Ein Schild weist zum Strand von Tripití, den man von hier oben schon erkennen kann, ein anderes Schild den Hang hinauf zum südlichsten Dorf Europas, Vatsianá. Hierher müssen wir wieder zurückkehren.

Das Kap Tripití hat seinen Namen von grottenähnlichen Löchern (gr. *trypao,* durchbohren), durch die man von Meer zu Meer schauen kann. Auf dem benachbarten Kap steht ein Leuchtfeuer, zu dem man hinaufsteigen kann. Der einsame Kieselstrand von **Tripití** (1.15 Std.) ist der Wendepunkt unserer Tour.

Abstecher

Zurück an der Abzweigung bei Kilometerstein 1 hat man die Möglichkeit, einen lohnenden, zweimal 20 Min. dauernden Abstecher zur Steilküste zu unternehmen. Man geht hinunter zur Sohle eines Tales, das nach Westen den Hang hinaufsteigt. An der rechten Seite der Talsohle führen sich verzweigende schmale Pfade über niedrige Terrassen zu einem Sattel in der Steilküste, auf dem es nicht mehr weiter geht. Belohnt wird man durch schöne Aussicht in die blaue Unendlichkeit des Libyschen Meeres.

Ca. 100 m oberhalb der erwähnten Sommersiedlung endet eine Erdstraße, die von Vatsianá hierher führt. Zu dieser gehen wir und folgen ihr, stets bergan, nach 20 Min. bei einer Abzweigung links (auf eine Steinpyramide achten), bis wir den Rand der Steilküste erreicht haben. Ein wunderschöner **Klippenweg** (2.15 Std.) führt weiter hinauf nach **Vatsianá** (3 Std.), dem südlichsten Dorf Europas, einer Ansammlung von hüttenähnlichen Natursteinhäusern. Wir gehen zur unscheinbaren Platia, an der sich ein privates ethnographisches Museum samt Gemischtwarenhandlung und Kafenion etabliert hat.

Der letzte Abschnitt der Wanderung ist nun leichter, weil es stets bergab geht. Wir folgen dem Schild »Kórfos« neben dem Museum und befinden uns wenig später am Ortsrand oberhalb eines Tales, an dessen Ende wir schon unser Ziel, den Strand von Kórfos, ausmachen können. An der linken Talseite, später auf einem Hangrücken, führt nun ein ehemaliger Maultierpfad hinunter, der sich wenig später als genauso schön ausgebaut entpuppt wie der anfängliche Pfad unserer Tour. Orientierungsschwierigkeiten bestehen nun nicht mehr. Fast immer das Ziel vor Augen, erreichen wir einen schattigen Picknickplatz auf der Talsohle und kurz darauf ein verlassenes Gehöft mit Backofen und eine Felsenquelle. Diese spendet jedoch nur tröpfelnd das auf Gávdos so kostbare Nass und enttäuscht auch in geschmacklicher Hinsicht.

Wenige Minuten später ist der **Strand von Kórfos** (4 Std.) erreicht.

Gávdos – das südlichste Eiland Europas

Gávdos ist nicht nur eine der landschaftlich attraktivsten Inseln Griechenlands, sondern auch eine der rückständigsten. Erst Ende der 1980er-Jahre wurde die Hochebene um den Hauptort Kastri und das winzige Dorf Vatsianá durch ein kombiniertes Solar-Diesel-Kraftwerk der Firma Siemens elektrifiziert. Die anderen Häuser, insbesondere die Tavernen und Pensionen an den Stränden Kórfos und Sarakiniko sowie im Hafenort Karaví müssen sich bis heute selbst um ihren Strom für Kühlschrank und Licht kümmern. Jedes Haus hat seinen eigenen Dieselgenerator oder auch schon eine Solaranlage. Telefon hat Gávdos ein paar Jahre später bekommen, heute ist Telefonieren kein Problem mehr, selbst am Strand von Sarakiniko steht eine Telefonkabine. Wasser ist absolute Mangelware, in den Tavernen serviert man auf Kreta abgefülltes Mineralwasser. Auch Olivenöl muss aus Kreta importiert werden. Dafür hat Gávdos fischreiche Gewässer, »Fisch vom Tage« ist hier leichter zu bekommen und zudem auch etwas preiswerter als auf dem kretischen »Festland«.

In botanischer Hinsicht bietet Gávdos eine außergewöhnliche Artenvielfalt. Hier mischen sich afrikanische und asiatische Flora mit der mediterran-europäischen Flora. Die häufig vorkommende Schmalblättrige Baumschlinge *(Periploca angustifolia)* z. B. gehört zur afrikanischen Flora. Bisher hat diese Pflanze das kretische Festland nicht erreicht.

Es empfiehlt sich, 1–2 Nächte auf Gávdos zu bleiben, um die hervorragenden Bademöglichkeiten und weitere Wandergelegenheiten zu nutzen.

Gipfeltour I

Von der Omalós-Ebene auf den Gíngilos

Die graue Riesenklippe, die sich über einem riesigen Geröllfeld oberhalb von Xilóskalo auftürmt, heißt Gíngilos. Es ist von den 60 Zweitausendern der Weißen Berge der am leichtesten zugängliche Gipfel – eine beliebte Bergtour im kretischen Hochgebirge.

DIE WANDERUNG IN KÜRZE

+++ Anspruch

5 Std. Gehzeit

850 m An-/Abstieg

Charakter: Bis zur Linoseli-Quelle gut angelegter Fußpfad, später geht es auf schmalen Steigen, manchmal nur Trittspuren, durch felsiges Gelände. Es sind Schwindelfreiheit und Bereitschaft erforderlich, gegen Ende des Aufstiegs ab und an die Hände zu Hilfe zu nehmen und mäßig zu klettern.
Gesamtlänge: 13 km

Markierung: Bis zum Gipfel durchgehend markiert und beschildert

Ausrüstung: Auch im Hochsommer warme Kleidung und Windschutz

Einkehrmöglichkeiten: In Xilóskalo Imbissbuden, in Omalós traditionelle Tavernen. Kleine Hotels und Pensionen in Omalós

An-/Abfahrt: Mit dem **PKW:** Von der Nordküste über Lákki, von der Südküste über Agía Iríni zur Omalós-Ebene. Parkplatz bei Xilóskalo. Mit dem **Bus:** Ab Chaniá (mit Anschluss ab Kisámos) und ab Réthimno und Iráklio starten von Mai–Okt. frühmorgens zwischen 6 und 8 Uhr je nach Nachfrage einer oder mehrere Ktel-Busse nach Xilóskalo. Die Busse machen in Omalós eine längere Pause. Im Verlauf des Tages weitere Verbindungen. Der letzte Bus fährt gegen 16 Uhr zurück.

Der Aufstieg beginnt am Restaurant von **Xilóskalo,** das etwas erhöht direkt am Schluchtrand steht. Von der Restaurantterrasse aus kann man in die Schlucht hineinblicken und rechts oben an der Kammlinie eines Seitentales der Samariá-Schlucht über einem riesigen Geröllfeld den Linoseli-Sattel ausmachen, von dem aus wir den Gipfel des Gíngilos angehen werden. Direkt am Eingang des Restaurants beginnt ein sehr gut angelegter Pfad, der anfangs mit Holzgeländern gesichert ist. Er windet sich in vielen Serpentinen bergan zu einer **Kante des Hügels** (30 Min.). Nach diesem ersten steilen Aufstieg führt der Pfad nun nach links allmählich in das Seitental der Samariá-Schlucht hinein. (Der Pfad, der nach rechts abbiegt, führt hinunter zur Omalós-Ebene.)

Bevor unser Pfad vor einem Gebiet voller schroffer Felszacken an Höhe verliert, zweigen nach rechts

2080 Meter ragt der Gíngilos in die Höhe

hangaufwärts mehrere Pfade ab. Es handelt sich um den E4-Pfad, der von hier aus in gut 6 Std. über den Gipfel des Strifomadi nach Koustogérako führt.

Wir bleiben auf unserem Pfad und passieren ein eindrucksvolles **Felsentor.** Bald danach gewinnt der Pfad an Höhe, und wir erreichen die **Linoseli-Quelle** (1 Std.). Sie versorgt Xilóskalo mit Wasser, und auch wir müssen uns hier bis zur Rückkehr an diesem Punkt mit Wasser versorgen.

Von der Quelle aus steigen wir nun weiter in vielen Serpentinen das Geröllfeld hinauf zum **Linoseli-Sattel.** Dieser Sattel zwischen dem Gíngilos und dem Psiláfi trennt die Samariá- von der Tripití-Schlucht. Im Osten erkennen wir auf der gegenüberliegenden Schluchtseite die Kallérgi-Hütte, weiter links am Schluchtrand den Melidaoú (2133 m) und in der Ferne den höchsten Gipfel der Weißen Berge, Pachnes (2453 m). Beide gehören zu den insgesamt 60 Zweitausendern der Weißen Berge.

Über uns schweben vielleicht Bartgeier, die die Thermik nutzen. Im übrigen Europa ist dieser riesige Greifvogel, der auch Lämmergeier *(gypaetus barbatus)* genannt wird, fast ausgestorben. Die Spannweite seiner Flügel beträgt 2,3 bis 2,8 m. Er lässt Knochen oder Schildkröten aus großer Höhe auf Felsen fallen, um sie zu zertrümmern und das Innere anschließend zu verschlingen.

Vom Sattel zum Gipfel steigen wir jetzt, vorbei an einem tiefen Höhlenschacht, über Felsen, Felsplatten und Geröll steil aufwärts. Der nicht immer klar ausgeprägte Weg ist mit roten Punkten, Pfeilen und Steinmännchen markiert. Hin und wieder müssen wir die Hände zu Hilfe nehmen. Die letzten 15 Min. gehen wir bequemer. Eine Steinpyramide kennzeichnet den **Gipfel des Gíngilos** (2.30 Std.). Von hier oben hat man einen wunderbaren Blick ringsum. Wir erkennen den Verlauf der Süd- und der Nordküste und überschauen die vielen Gipfel der Weißen Berge, die sich in ihrer Kegelform alle

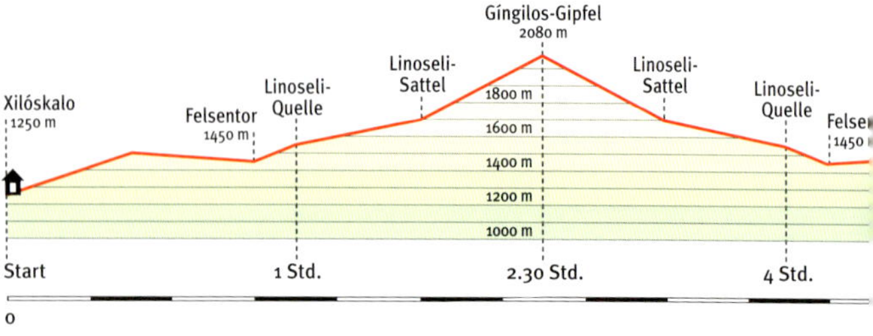

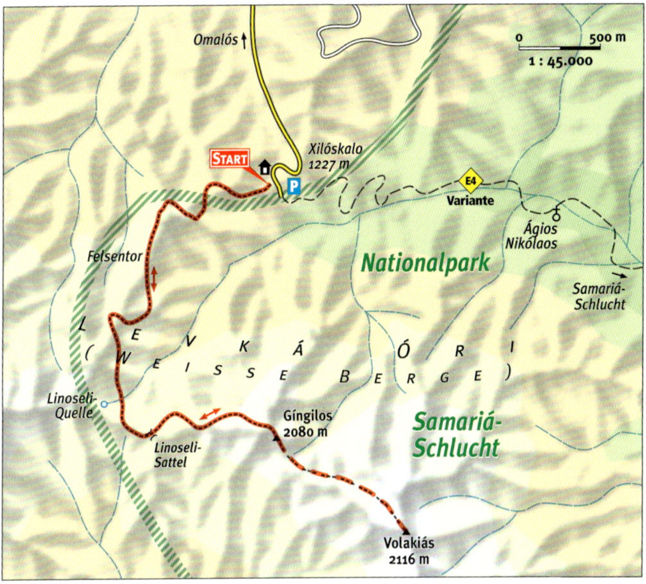

stark ähneln. Im Süden sieht man die Inseln Gávdos und Gavdopoula.

Weiterwanderung zum Nachbargipfel Volakías: Wer den 36 m höheren Gipfel des Volakías in 1 km Entfernung ersteigen will, muss zusätzlich 1.30 Std. Gehzeit und 150 m Aufstieg einplanen. Der Weg führt über den Sattel zwischen beiden Bergen, ist nicht markiert, aber durch Trittspuren erkennbar.

Zurück geht es auf demselben Weg.

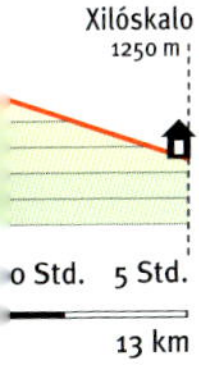

Kretischer Bergtee

Oberhalb von etwa 100 m trifft man in den Weißen Bergen, aber auch im Ida-Massiv oder in den Bergen von Sitia auf einen niedrigen, behaarten Strauch mit gelben Lippenblüten. Es handelt sich bei dieser Wildpflanze um das Syrische Gliedkraut *(Sideritis syriaca)*. Aus seinen Blüten bereitet man einen Heiltee, den man sich in vielen Dorfkafenia als »Mountain Tea« (gr. *Tsai tou vounou*) bestellen kann.

Die Kreter nennen diesen Tee *Malotira*. Dieses Wort stammt aus dem Italienischen, von *malo* und *tirare,* also »der das Böse herauszieht«. Malotira ist harntreibend und beruhigend, fördert die Verdauung und hilft besonders bei Erkältungen. Da er leicht bitter schmeckt, sollte man ihn vielleicht mit etwas Thymianhonig süßen.

Gipfeltour II

Von der Omalós-Ebene über die Kallérgi-Hütte auf den Melidaoú

Diese außergewöhnlich spektakuläre Route passiert die Kallérgi-Hütte, die unmittelbar am Schluchtrand steht. Weiter geht es in die Madares, die Welt der hohen Weißen Berge. Höhepunkt des Tages ist die Gratwanderung am Rande der Samariá-Schlucht zum Melidaoú.

DIE WANDERUNG IN KÜRZE

+++ Anspruch

7.30 Std. Gehzeit

1120 m An-/Abstieg

Charakter: Beliebte Bergtour auf gut gekennzeichneten Pfaden, im letzten Drittel Trittspuren den Felshang hinauf. Zwischendurch bequem auf einem nicht geteerten Fahrweg. Gesamtlänge: 22 km

Markierung: Durchgehend gut beschildert und markiert (E4)

Wasser: Nur in der Kallérgi-Hütte

Einkehrmöglichkeiten: Kallérgi-Hütte (z. Z. ganzjährig, Tel. 28210/33199)

Anfahrt: Mit dem PKW: Auf die Omalós-Ebene von der Nordküste über Lákki, von der Südküste über Agía Iríni. Bei Xilóskalo befindet sich ein Parkplatz. Wer sich einen Geländewagen gemietet hat, kann zur Kallergi-Hütte hinauffahren und die Wanderung um fast 2 Std. verkürzen. **Mit dem Bus:** Ab Chaniá (mit Anschluss ab Kisámos) und ab Réthimno und Iráklio starten von Mai–Okt. frühmorgens zwischen 6 und 8 Uhr je nach Nachfrage einer oder mehrere Ktel-Busse nach Xilóskalo. Die Anfahrt sollte mit dem frühesten Bus erfolgen. Die Busse machen in Omalós eine längere Pause. Wer sich beeilt, kann den letzten Nachmittagsbus zurück nach Chaniá erwischen (gegen 16 Uhr). Wer später dran ist, kann vor dem letzten Gipfel umkehren.

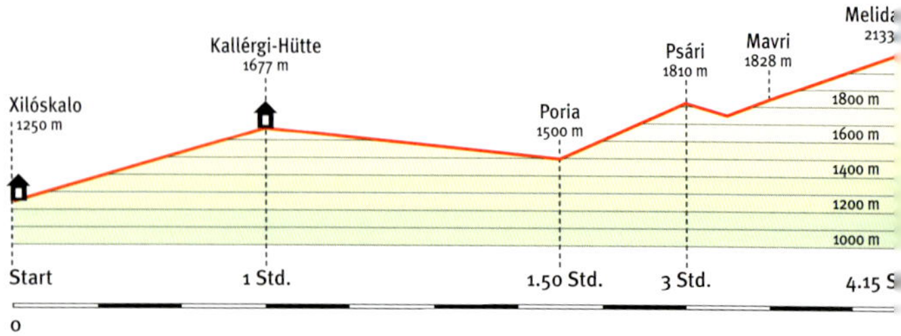

Ziegenhirten mit Gewehren in der kargen Landschaft der Weißen Berge

Der Aufstieg zu unserem ersten Ziel, der Kallérgi-Hütte, beginnt in **Xilóskalo.** Vom Eingang der Samariá-Schlucht, gegenüber dem Aufstieg zum Gíngilos, führt ein ausgetretener und beschilderter Pfad hinauf zum Fahrweg, der die Kallérgi-Hütte mit der Omalós-Ebene verbindet. Am Fahrweg angekommen, folgen wir diesem nach rechts bergauf bis zu **Kallérgi-Hütte** (1 Std.). Keinesfalls versäumen sollte man den wirklich atemberaubenden Blick von der Terrasse der Hütte in die Schlucht und auf den Gíngilos. Danach folgen wir dem Fahrweg, der mit vielen Kurven und tendenziell bergab weiter in die Weißen Berge führt. 50 Min. nach der Kallérgi-Hütte erreichen wir einen farnbestandenen Sattel (1.50 Std.) bei den Hütten eines Mitatos. Dieser **Poria** (»Durchgang«) genannte Sattel liegt unterhalb des Psári (1820 m), den wir nun

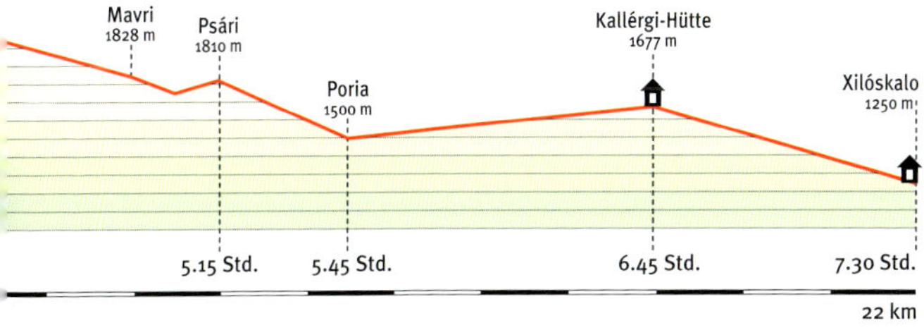

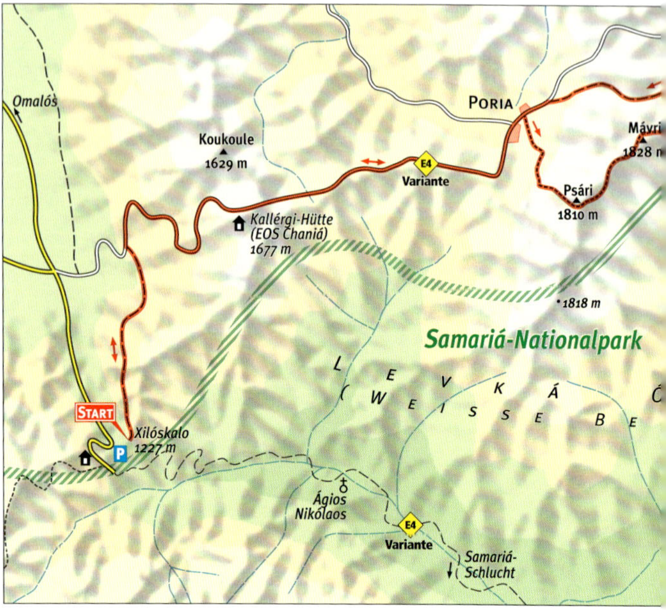

als ersten Berg besteigen werden. Ein Schild am Sattel zeigt die Stelle, an der wir den Fahrweg verlassen.

Wir steigen nun am Rande der Samariá-Schlucht über den Psári und den Mávri auf den Melidaoú. Streckenweise geht es dabei über fast wegloses und immer sehr steiniges Gelände. Die Orientierung ist einfach, die Route markiert.

Nach 1 Std. Aufstieg stehen wir auf dem **Psári** (3 Std.). Jetzt biegt unsere Route nach Nordosten ab und wir erreichen auf dem Grat über der Samariá-Schlucht den **Mávri.** Nach einem leichten Abstieg in die nächste Mulde und einem erneuten Aufstieg ist der **Gipfel des Melidaoú** erreicht (4.15 Std.).

Anschließend gehen wir in die Mulde zwischen Mávri und Melidaoú zurück. Hier zweigt ein Pfad halblinks ab, der den Mávri an der Nordseite umrundet und weiter unten auf den gut markierten E4 stößt, der die Weißen Bergen von Westen nach Osten durchquert. In einem Tal folgen wir dem E4 bis zum Sattel **Poria** (5.45 Std.) und gehen auf der Erdstraße über die **Kallergi-Hütte** (6.30 Std.) zurück.

Wer mit dem Linienbus gekommen ist, kann auch im Dorf Omalós oder an der Abzweigung des Fahrweges zur Kallérgi-Hütte zusteigen. Nach Omalós brauchen wir nicht auf der Asphaltstraße zu gehen, denn rechts neben der Straße führt ein Pfad ebenfalls dorthin. Diejenigen, die mit dem PKW angereist sind, kehren zurück nach **Xilóskalo** (7.30 Std.)

Die Kallérgi-Hütte

Die Kallérgi-Hütte ist die einzige zur Zeit ganzjährig und ständig bewirtschaftete Hütte Kretas. Die im Stil ei-

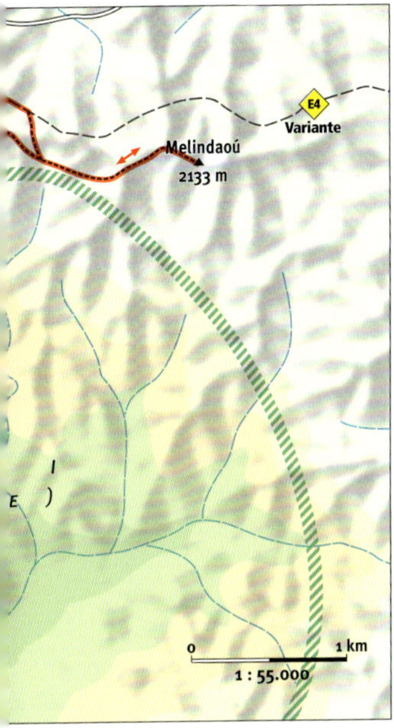

ner Alpenhütte erbaute Unterkunft liegt wie ein Adlerhorst auf einem Hügel unmittelbar am Rande der Schlucht. Während der Militärdiktatur von 1967 bis 1974 diente sie als Trainingslager für griechische Gebirgsjäger. Danach wurde sie vom griechischen Bergsteigerverband in Chaniá übernommen und schließlich an den Österreicher Josef Schlumberger verpachtet, einen Mitarbeiter der Alpinschule Innsbruck.

Im Sommer herrscht hier reger Betrieb, da die Hütte nicht nur Einzelwanderern, sondern auch Gruppen als ›Basislager‹ für die Erforschung der hohen Weißen Berge dient. Regenwasser wird in Zisternen gesammelt und ist knapp. Im Spätsommer reicht es eventuell nicht für die ersehnte Dusche. Über einen Fahrweg, der nur von geländegängigen Fahrzeugen befahrbar ist, wird die Hütte mit Lebensmitteln und Getränken versorgt. Dieser Fahrweg führt als Wirtschaftsweg für die Hirten von der Omalós-Ebene über den Poria-Sattel weiter in die Berge und endet dort. Die Hirten träumen davon, dass diese Straße eines Tages bis zu den Käsereien in den hohen Weißen Bergen führt und sich womöglich mit dem Erdweg trifft, der von Anópolis hinaufführt. Bis heute müssen Maultiere den Käse und den Joghurt von den Bergen tragen.

Schlafplätze sind in der Hütte knapp: Es gibt sechs 4-Bett-Zimmer und ein Matratzenlager. In der Hochsaison sollte man sich telefonisch anmelden (Tel. 28210/33199). Eine Übernachtung mit Frühstück kostet ca. 10 Euro. Wenn wenig Betrieb herrscht, ist die Hütte nach dem Frühstück bis spätnachmittags geschlossen.

Benannt ist die Hütte nach der bedeutenden kretischen Familie der Kallergis, die sich aus der byzantinischen Kaiserdynastie herleitet. Alexios Kallergis war Anführer des Widerstands gegen die venezianischen Herrschaft 1282–1299. Zacharias Kallergis gründete Ende des 15. Jh. eine berühmte Druckerei in Venedig. In ihr wurden Texte griechischer Klassiker gedruckt und so den Universitäten Westeuropas zugänglich gemacht.

Tour 24

Nationalpark Samariá-Schlucht

Von Xilóskalo nach Agía Rouméli

Höhepunkt eines Aktivurlaubs auf Kreta ist die Durchwanderung der Samariá-Schlucht, die zu Kretas einzigem Nationalpark gehört. An manchen Tagen wird diese von Tausenden von Touristen bestritten.

DIE WANDERUNG IN KÜRZE

++ Anspruch

5 Std. Gehzeit

1230 m Abstieg

Charakter: 18 km lange Schluchtwanderung auf bequemem, gut unterhaltenem Pfad, steiler Abstieg von Xilóskalo nach Ágios Nikólaos

Markierung: Sehr gut ausgeschildert, sogar mit Kilometerangaben

Ausrüstung: Badezeug

Wasser: Kein Problem: 22 Quellen unterwegs

Einkehrmöglichkeiten: In Xilóskalo Luxusrestaurant und einige Buden, in Agía Rouméli überreiches Angebot an Tavernen

Anfahrt: Bus: Ab Chaniá (mit Anschluss ab Kisámos) und ab Réthimno und Iráklio starten frühmorgens zwischen 6 und 8 Uhr je nach Nachfrage einer oder mehrere Busse der Ktel nach Xilóskalo. Die Busse machen in Omalós eine längere Pause, in der man ein Frühstück zu sich nehmen kann. Alle Wanderer werden am späten Nachmittag in Chóra Sfakíon wieder abgeholt. Vom Schluchtausgang fahren nachmittags bis 18 Uhr mehrere **Schiffe** nach Loutró und Chóra Sfakíon. Nach Soúgia und Paleochóra fährt ein Schiff. Achtung: Bei Südstürmen fahren die Schiffe nicht!

Öffnungszeiten: Tgl. 6–16 Uhr, Eintritt ca. 5 Euro. Wichtig: Die Schlucht wird abhängig vom Wetter Ende April/Anfang Mai geöffnet und Ende Okt/Anfang Nov geschlossen. Tel. Kasse: 28210/67179. Winter-Alternativen sind die Irini- und die Imbros-Schlucht. Nach 16 Uhr darf man nur bis etwa 2 km in die Schlucht hinabsteigen, um genügend Zeit zur Rückkehr zu haben. Eintrittskarte aufbewahren und am Ausgang zur Kontrolle vorzeigen, dass auch alle angekommen sind.

Tipps: Wer den Massen entgehen will, sollte um 6 Uhr starten oder bis gegen 11 Uhr warten. In diesem Fall vorweg klären, ob die letzte Fähre ab Agía Rouméli tatsächlich um 18 Uhr fährt. Tel. 28210-95511, Fährgesellschaft Anendyk.

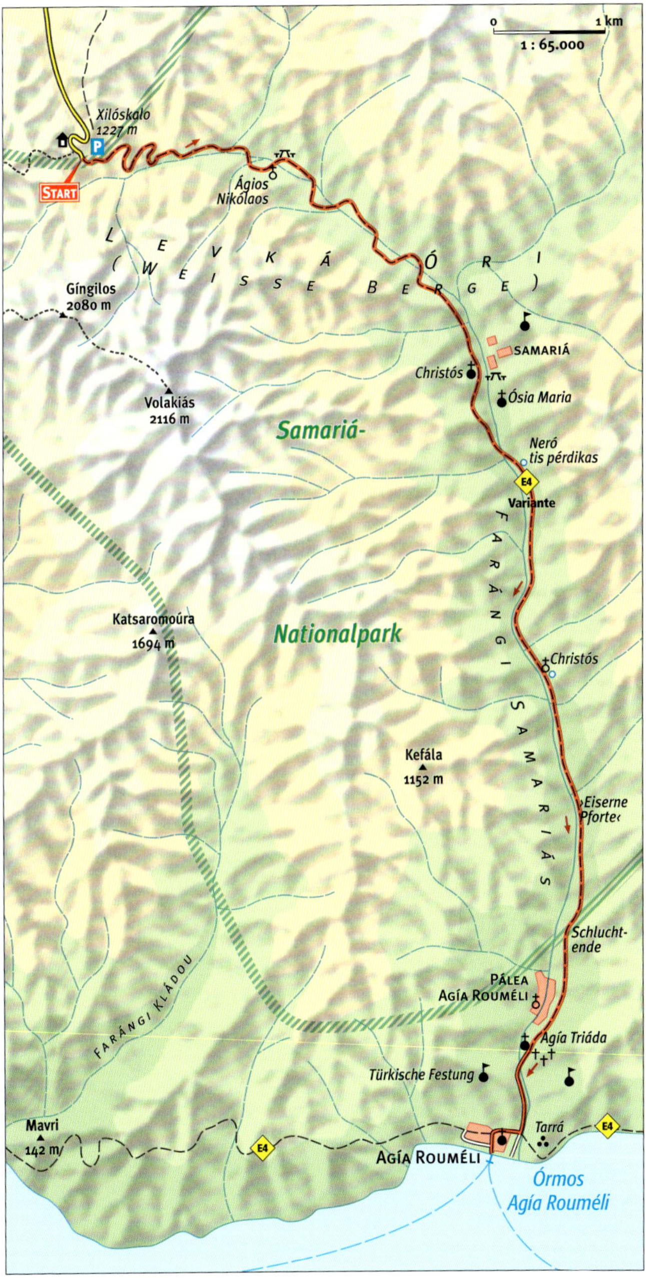
0
1 km
1 : 65.000
Xilóskalo
1227 m
P
START
Ágios
Nikólaos
L E V K Á Ó R I
(W E I S S E B E R G E)
Gíngilos
2080 m
SAMARIÁ
Christós
Ósia Maria
Volakiás
2116 m
Samariá-
Nationalpark
Neró
tis pérdikas
E4
Variante
F A R Á N G I S A M A R I Á S
Katsaromoúra
1694 m
Christós
Kefála
1152 m
›Eiserne
Pforte‹
Schlucht-
ende
Pálea
Agía Rouméli
Agía Triáda
Türkische Festung
F A R Á N G I K L Á D O U
Mavri
142 m
E4
Tarrá
E4
Agía Rouméli
Órmos
Agía Rouméli

Xilóskalo, unser Ausgangsort, heißt »Holzleiter«. Wo sich heute ein mit Holzgeländern gesicherter Pfad in Kehren 650 m steil hinunter zur Ágios-Nikólaos-Kapelle windet, wurden bis zu Anfang des 20. Jh. lange Holzleitern als Auf- und Abstiegshilfe benutzt. Bei **Ágios Nikólaos** (1.15 Std.) sind wir dann auf dem Schluchtgrund angekommen. Hier befindet sich ein einladender Rastplatz mit Bänken und Papierkörben. In der Nähe stehen uralte knorrige Zypressen, ein Teil des ursprünglichen kretischen Waldes. Das Tal weitet sich nun. Wir kommen an Terrassen mit Ölbäumen und einigen verlassenen Ställen und Pferchen vorbei. Immer wieder führt uns der Weg über den Schluchtbach, dessen glasklares Wasser sich in vielen kleinen Teichen zwischen den Bachkieseln staut. Ein Bad im kalten Gebirgswasser wäre im Hochsommer willkommen, ist jedoch streng verboten.

Wo ein weites Seitental von links in die Schlucht mündet, liegt das verlassene Dorf **Samariá** (2.30 Std.). Eine Brücke führt zu der Ansammlung von restaurierten Natursteinhäusern, die idyllisch zwischen Feigen-, Mandel- und Olivenbäumen liegen – wenn man die Touristenmassen übersieht. Samariá dient heute als Rastplatz, Erste-Hilfe-Station und als Hauptquartier der Naturschutzwächter des Nationalparks. Saubere Toiletten und Papierkörbe sind vorhanden, einen Kiosk gibt es jedoch nicht. Kommerzielle Unternehmen sind im Nationalpark nicht erlaubt. Maultiere stehen bereit, um verletzte Wanderer nach Agía Rouméli zu tragen. Für besonders ernste Fälle besitzt Samariá sogar einen Hubschrauber-Landeplatz. Denn immerhin kommen in der Schlucht jedes Jahr einige, meist ältere Wanderer ums Leben, die den Strapazen des fünfstündigen Weges in der Sommerhitze nicht gewachsen sind.

Über dem Ort thront eine türkische Festung aus dem 19. Jh. Am Südrand von Samariá treffen wir unter einem Felsüberhang die reizvoll gelegene Christos-Kapelle. Schräg gegenüber, ausgeschildert, auf der anderen Bachseite, liegt die Kapelle der Osia Maria, der ›seligen‹ Gottesmutter. Nach ihr ist die Schlucht benannt.

Etwa eine Stunde nach Samariá rücken die Schluchtwände allmählich enger zusammen. Wir nähern uns der berühmten »Eisernen Pforte« (*Siderainia Porta,* wird auch im Plural benutzt, »eiserne Pforten«). Hier ist die engste Stelle der Schlucht. Bis zu 6 m stehen die zu Platten gepressten Felsen zusammen und ragen links und rechts mehrere hundert Meter senkrecht in die Höhe. Die kurvigen Schichtfalten

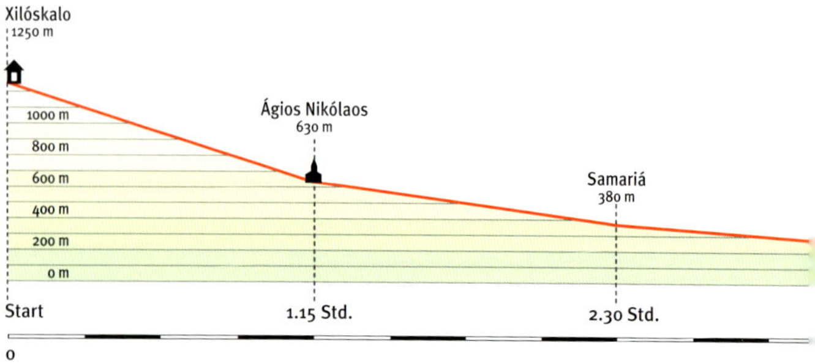

des Kalks lassen die gewaltigen Kompressionskräfte ahnen, die hier bei der Auffaltung Kretas walteten. In den Felsspalten wachsen Blaukissen, Dorniger Kapernstrauch und Kugelige Beilwicke. Sogar Zypressen finden in den schmalen Gesteinsfugen Halt. In den Wintermonaten füllt der Schluchtbach diese Passage vollständig aus, so dass das Dorf Samariá dann für Monate vom direkten Weg nach Agía Rouméli abgeschlossen ist.

Bald nach der Eisernen Pforte ist das **Schluchtende** (4.15 Std.) erreicht. Ein Kontrollhäuschen markiert die Grenze des Nationalparks. Hier müssen wir unsere Eintrittskarten abgeben, damit die Nationalparkverwaltung kontrollieren kann, ob auch alle Wanderer unten angekommen sind. Wegen der Brandgefahr ist es streng verboten, in der Schlucht zu übernachten.

Weiter geht es durch ein geweitetes Tal zum alten Ortsteil von Agía Rouméli. Die Natursteinhäuser wurden nach einer Hochwasserkatastrophe 1954 aufgegeben. Von hier aus sind es jetzt noch 20 Min. zum neuen Dorf Agía Rouméli am Strand. Aus der Ferne winkt bereits das blaue Libysche Meer. Die letzten Kilometer verlaufen in praller Sonne. Der moderne Ort **Agía Rouméli** (5 Std.) besteht fast ausschließlich aus Tavernen, Pensionen und kleinen Hotels in der üblichen Betonskelett-Bauweise. Der Strand von Agía Rouméli ist einer der schönsten Kretas, die Wasserqualität ausgezeichnet.

Samariá-Nationalpark

»Wer den Pass von Xilóskalo und die Gegend von Omalós nicht gesehen hat, der kennt von Kreta gar nichts«, lautet ein kretischer Vierzeiler, der zur Lyra, dem kretischen Instrument schlechthin, gesungen wird. Die Samariá-Schlucht ist tatsächlich großartig. Sie ist die längste und, zusammen mit der Vikós-Schlucht an der albanischen Grenze, die imposanteste Schlucht Griechenlands und gehört zweifellos zu den bedeutendsten Naturdenkmälern Europas. Die Schlucht und die schwer zugängliche Bergwelt ringsum wurden 1962 zum Nationalpark erklärt. 1964 kaufte die Regierung allen Privatbesitz auf und siedelte die Mitglieder von sieben Familien, die im Schluchtdorf Samariá verblieben waren, gegen Entschädigungszahlungen aus. Manche der damaligen Dorfbewohner gingen damals als Gastarbeiter in die Bundesrepublik, andere kauften sich in einem anderen Dorf Land oder siedelten sich in Chaniá an.

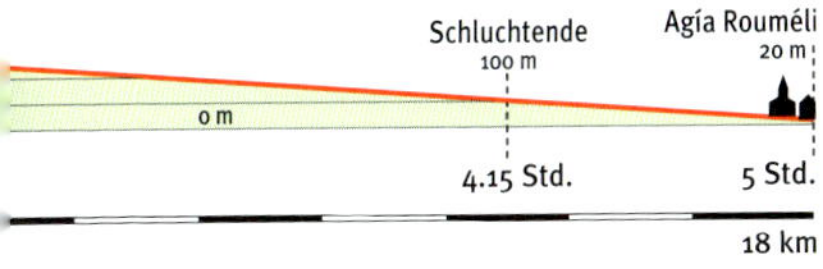

Der 4850 ha große Nationalpark beherbergt mehr als 450 Pflanzenarten, von denen 70 endemisch sind. Der bedeutendste Baum der Schlucht ist die kretische Zypresse. Schon die Minoer fertigten aus ihrem dauerhaften Holz die Säulen ihrer Paläste und die Planken ihrer Schiffe. Die ältesten Zypressen stehen in der Umgebung der Nikólaos-Kirche am Beginn der Schlucht. Manche haben Stämme mit einem Umfang von bis zu 10 m und sind über 2000 Jahre alt. Wie der Olivenbaum schlägt die kretische Zypresse immer wieder neu aus.

Das bedeutendste Tier der Schlucht ist die kretische Wildziege, die die Einheimischen *Agrimi* und die meisten Ausländer *Kri-Kri* nennen. Es handelt sich um die Bezoarziege mit der wissenschaftlichen Bezeichnung *capra aegagrus cretica*. Das Agrimi war in den 1960er-Jahren fast ausgestorben. Heute, unter den Verhältnissen strengsten Schutzes, leben wieder über 1000 Agrimia im Nationalpark. Die meisten haben sich an die Touristenmassen gewöhnt, manche kommen bis auf ca. 50 m an die Wanderer heran. Mit etwas Glück kann man das Agrimi morgens in der Umgebung des Dorfes Samariá beobachten. Man muss dann aber genau hinsehen, denn es weiß sich hervorragend zu tarnen. Sein gelb-grau und schwarz gestreiftes und geflecktes Fell unterscheidet sich kaum von dem Hintergrund der Felshänge.

Der Name Samariá leitet sich her von der Seligen Maria *(Osia Maria)*, die in einer Kapelle bei Samariá verehrt wurde. Von dem griech. *osia* wurde das O weggelassen, aus *Sia Maria* wurde schließlich Samariá. In der vorchristlichen Antike nannte man die Schlucht nach der Polis *Tarra*, von der sich noch einige Ruinen am östlichen Ortsrand von Agía Rouméli befinden. Von der einst blühenden Stadt sind Münzen erhalten, die auf der einen Seite das Agrimi, auf der anderen eine Biene zeigen.

Kreter und besonders Sfakioten sind stolz darauf, dass die Schlucht Schauplatz bedeutender Siege in den Befreiungskämpfen war. Während des kretischen Befreiungskrieges von 1770 (im Rahmen des türkisch-russischen Krieges von 1767–1774) konnten 200 Verteidiger um Ioánnis Bonnatos eine vielfach überlegene türkische Streitmacht an der nur 6 m breiten »Eisernen Pforte« aufhalten. 100 Jahre später, 1866, nach dem Massenselbstmord im Kloster Arkádi, konnte sich dann allerdings eine türkische Garnison in der Schlucht festsetzen. Die Türken ließen die Forts über Samariá und Agía Rouméli mit kretischer Fronarbeit erbauen.

Im Mai 1941 kamen weitere fremde Eindringliche, diesmal die deutsche Wehrmacht. Während kretische Bauern als Parisanen mit primitiven Waffen in der »Schlacht um Kreta« gegen gut ausgerüstete deutsche Fallschirmspringer – unter ihnen Max Schmeling – kämpften, flohen der griechische König mitsamt seiner Regierung und Tausende englischer Soldaten durch die Schlucht an die Südküste. Hier wurden sie von englischen Schiffen abgeholt und nach Alexandria gebracht. Ein weiteres Kapitel der leidvollen Geschichte Kretas wurde im August 1948 in der Samariá-Schlucht abgeschlossen. Während des Bürgerkriegs hatten sich einige Hundert Gegner der griechischen Monarchie in die Schlucht zurückgezogen und wurden hier vernichtend geschlagen. Mit dieser Schlacht war der Bürgerkrieg auf Kreta zu Ende.

Entlang der Südküste

Von Loutró nach Agía Rouméli

Die Wanderung folgt dem Küstenverlauf auf dem alten Verbindungsweg von Agía Rouméli nach Chóra Sfakíon, der uralten Alternative zur Schiffsverbindung. Immer wieder trifft man auf kleine Buchten mit herrlichen Stränden und glasklarem Wasser.

DIE WANDERUNG IN KÜRZE

++ Anspruch

5 Std. Gehzeit

15 km Länge

Charakter: Lange Küstenwanderung auf ausgetretenem Pfad ohne große Höhenunterschiede und ohne Orientierungsschwierigkeiten. Eine kurze luftige Passage im ersten Teil der Wanderung erfordert Schwindelfreiheit, die Umgehung verlängert die Tour um ca. 2.30 Std.

Markierung: Durchgehend E4-Zeichen

Ausrüstung: Badezeug

Hinweis: Im Sommer wird es extrem heiß, deshalb viel Wasser mitnehmen.

Einkehrmöglichkeiten: In Loutró, Phönix, in der Lykos- und der Marmara-Bucht, an der Paulus-Kirche und in Agía Rouméli.

An- und Abfahrt: Wer über Chóra Sfakíon anreist, nimmt die Frühfähre nach Loutró. Zurück geht es mit den Fähren, die am Nachmittag die Samariá-Wanderer zurückbringen. Wer sein Fahrzeug auf der Anópoli-Ebene stehen lässt und früh aufbricht, kann mit dem Schiff so zeitig in Chóra Sfakíon zurück sein, dass er den Nachmittagsbus nach Anópolis (16.30 Uhr) erreicht. Alternative: Taxi aus Chóra Sfakíon, nachfragen im Supermarkt Pandelis, Tel. 28250/91269 oder 28250/91129.

Fähre: Achtung: Von November bis März fährt die Südküstenfähre nur 2 x pro Woche.

Die Wanderung beginnt an der Uferpromenade von **Loutró.** Das autofreie Dorf liegt malerisch an einer weiten Bucht, die den einzigen geschützten Naturhafen der Südküste bildet. Schon in der Apostelgeschichte wollte Paulus auf dem Weg nach Rom hier Schutz suchen. In der Antike lag auf dem Gebiet von Loutró die Stadt Phönix. Nach ihr ist heute noch die Bucht auf der westlichen Seite der Halbinsel benannt, die wir auf dem Weg nach Agía Rouméli passieren. Es gibt zwei Möglichkeiten, dorthin zu wandern: über den Berg mit dem türkischen Kastell oder entlang der Küste um die Halbinsel herum.

Wir nehmen den Pfad, der rechts neben dem Hotel Daskalogiannis den Berg hinaufführt und sich bald darauf mit dem breiten E4-Pfad vereinigt, dem wir nun bis zum Ende der Wanderung folgen. Der Anstieg gewährt schöne Blicke auf das ansprechende Häuserensemble von Loutró. Von den Resten des türkischen Kastells aus erkennt man im Westen am Ausgang der Arádena-Schlucht die Marmara-Bucht und rechts davon am Hang das Dorf Livaniana, zu dem in vielen Serpentinen von der Anópolis-Hochebene her ein Fahrweg führt. Und näher, unter uns, liegt der Ort **Phönix** (auch *Finix, Finikas*), der nur aus ein paar Häusern, einer Kirche und einigen Palmen besteht (*Phönix* bedeutet im Griechischen »Palme«).

Wir gehen oberhalb der Kirche vorbei und dann auf das Bergdorf Livanianá zu. Unten am Meer geht es nämlich nicht weiter! Wir umrunden ein eingezäuntes Gelände, das sich den Hang eines Hügels hinaufzieht, und steigen, immer den überdeutlichen Markierungen folgend, auf der anderen Seite dieses Hügels hinab zur **Bucht von Lykos.** Hier verläuft unser Pfad über die Terrasse einer Taverne, die auch Zimmer vermietet.

Bis zur nächsten Bucht, der Marmara-Bucht am Ausgang der Arádena-Schlucht, müssen wir jetzt ein kurzes Stück über einen Weg, der eng an den Fels gedrängt ca. 50 m über dem Meer ziemlich luftig entlangführt. Beim Aufstieg zu dieser Felspassage muss man die Hände zu Hilfe nehmen.

Umweg über Livanianá

Schwindelempfindliche, die diese Stelle lieber umgehen wollen, können von hier aus einen großen Bogen über Livanianá und den Abstieg in die Arádena-Schlucht schlagen und erreichen so ebenfalls die Marmara-Bucht. Dieser Umweg dauert allerdings 2.30 Std.

Über weiße Alabasterplatten steigen wir in die **Marmara-Bucht** hinab (1.15 Std.). Sie verdankt ihren Namen dem hier anstehenden Alabaster, einem Kalkstein, der nicht so stark wie Marmor auskristallisiert, aber ebenso weiß ist. Gegenüber liegt einsam auf den Klippen eine Snackbar. Den E4-Markierungen folgend, verlassen wir den wunderba-

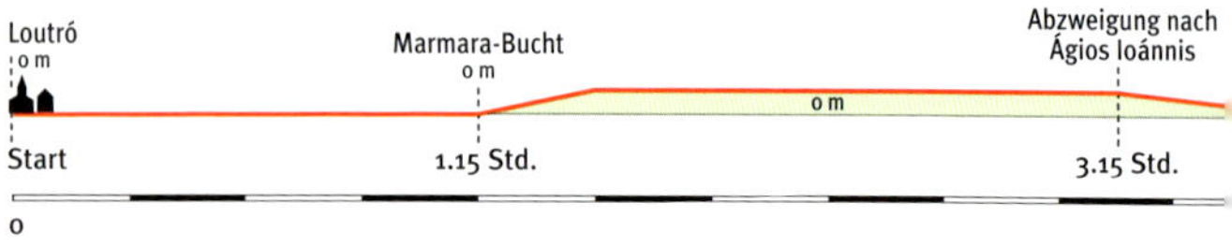

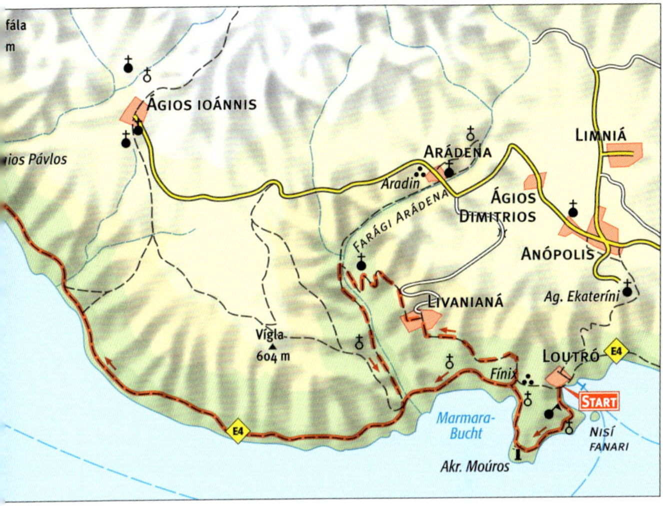

ren Strand mit dem glasklaren Wasser über diese Klippen. Das nun folgende Wegstück, das immer dem weiten Rund des Küstenverlaufs folgt, ist monoton zu gehen und völlig schattenlos.

1.30 Std. nach Verlassen des Marmara-Strandes taucht in der Ferne Agía Rouméli auf. Interessanter und schattiger wird die Wanderung dann in einem Kiefernwald, der uns nun bis Agía Rouméli begleitet. Eine halbe Stunde später treffen wir auf die beschilderte **Abzweigung nach Ágios Ioánnis** (3.15 Std.). Absteigend erreichen wir als nächstes Ziel dann die kleine **Ágios-Pávlos-Kapelle,** die neben einer Süßwasserquelle direkt am Sandstrand steht (3.45 Std.). Die um das Jahr 1000 erbaute Kreuzkuppelkirche enthält einige Freskenreste aus dem 13. Jh. Kirchengründer war der Mönch Johannes o Xenos (»der Fremde«), der zusammen mit Nikon o Metanoeite (der Beiname bedeutet »tut Buße«) nach der arabischen Besetzung (826–961) für die ›zweite‹ Christianisierung Kretas wirkte. Er erwähnt Ágios Pávlos in seiner Biografie von 1027.

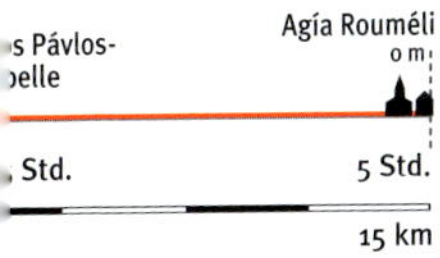

Neben der Kapelle gibt es eine einfache Taverne, die ebenso einfache Zimmer vermietet. Getränke und Lebensmittel werden mit einem kleinen Boot oder einem Esel angeliefert. Das Süßwasser quillt hier (15 m von der Kirche entfernt) wie an vielen anderen Stellen der Südküste in unmittelbarer Nähe des Meeres aus der Erde. Um es zu finden, muss man jedoch meist Löcher graben. Im Jahre 59 n. Chr. soll hier das Schiff des Apostels Paulus angelegt haben, um Wasser zu bunkern. Es kam von der lykischen Küstenstadt Myra (in Kleinasien), segelte entlang der kretischen Südküste und war auf dem Weg nach Rom. Laut der Apostelgeschichte 27, 12 ff. geriet das Schiff jedoch, nachdem es den Südküstenort Kali Limenes verlassen hatte, vor Erreichen des Schutzhafens Phönix in Seenot. Ein starker Nordoststurm trieb das Schiff bis Malta ab, wo es schließlich strandete.

Es fällt schwer, sich von der einsamen Strandtaverne von Ágios Pávlos zu lösen. Wir haben nun noch 4 km vor uns, der Weg führt immer am Strand entlang. Nach 20 Min. erreichen wir den Ausgang der Eligas-Schlucht, nach weiteren 45 Min. das steinige Bett des Tarrhaios, der die Samariá-Schlucht durchfließt. Zwischen der alten Brücke und dem Meer müssen wir jetzt nur noch das Bachbett überqueren, um die Anlegestelle und die Tavernen von **Agía Rouméli** zu erreichen (5 Std.). Im Frühjahr muss man damit rechnen, den Tarrhaios zu durchwaten.

Varianten

Die Tour kann man genauso gut in Gegenrichtung gehen, zum Beispiel nach einer Zwischenübernachtung in Agía Rouméli im Anschluss an die Samariá-Schlucht-Wanderung. Die Fortsetzung der Wanderung von Loutró nach Chóra Sfakíon dauert 2 Std. (s. Tour 27, Teilstrecke).

Wer noch länger und anspruchsvoller von Chóra Sfakíon nach Agía Rouméli wandern möchte, kann zur Anópoli-Hochebene aufsteigen und im weiteren Verlauf über Ágios Ioánnis absteigen.

Die Wanderregion im Süden der Weißen Berge

Im Gebiet zwischen Agía Rouméli und Chóra Sfakíon kommen zahlreiche Varianten zu den in diesem Buch vorgeschlagenen Touren 25, 26 und 27 in Betracht, die ja nur eine repräsentative Auswahl darstellen. Zudem können Teilstrecken dieser Routen kombiniert werden.

Zum Küstenpfad von Loutró nach Agía Rouméli zum Beispiel kann man auf vier verschiedenen Wegen von der **Anopoli-Ebene** (600 m) herabsteigen:

Zwischen Phoenix und der Marmara-Bucht auf dem Europäischen Wanderweg 4

Neben einer Süßwasserquelle und direkt am Sandstrand befindet sich die Ágios-Pávlos-Kapelle

- Von Anópolis direkt hinunter nach Loutró (Teilstrecke der Tour 27)
- Von Anópolis auf einem Maultierpfad zur Arádena-Brücke, dann hinunter über Livanianá zur Küste (Teilstrecke Tour 26)
- Durch die Arádena-Schlucht (Teilstrecke Tour 26 in Gegenrichtung)
- Die reizvollste Variante: über das fast verlassene Dorf Ágios Ioánnis, das man auf einer schmalen Asphaltstraße über die Arádena-Brücke erreicht.

Von **Ágios Ioánnis** zum Küstenpfad nach Agía Rouméli: Der alte Maultierweg führt über die Plateaukante in vielen Serpentinen steil hinunter. Einstieg am Ortsbeginn von Ágios Ioánnis gegenüber der Café-Bar »Giannis«. Der Weg ist markiert.

Tiefe Schlucht und steiler Hang

Rundwanderung von Loutró nach Arádena und Livanianá

Durch die Arádena-Schlucht steigen wir hinauf auf die Anópolis-Hochebene und gelangen ins verlassene Dorf Arádena. Der Abstieg zurück nach Loutró bietet herrliche Ausblicke auf das unter uns liegende Libysche Meer.

DIE WANDERUNG IN KÜRZE

+++ Anspruch

6 Std. Gehzeit

650 m An-/Abstieg

Charakter: Im Hochsommer anstrengende Rundwanderung auf steinigen Pfaden und einem Erdweg. Eine kurze luftige Passage im ersten Teil der Wanderung erfordert Schwindelfreiheit, die Umgehung verlängert die Tour um ca. 2 Std. Gesamtlänge: 20 km.

Markierung: Durchgehend markiert

Wasser: In der Arádena-Schlucht befindet sich eine Quelle.

Einkehrmöglichkeiten: Tavernen in Loutró, Phönix, in der Lykos- und der Marmara-Bucht und in Livanianá

An- und Abfahrt: Wer über Chóra Sfakíon anreist, nimmt die Frühfähre nach Loutró. Zurück geht es mit den Fähren, die am Nachmittag die Samariá-Wanderer zurückbringen. Mit dem **PKW:** Wer mit einem Fahrzeug anreist, kann auf einer Asphaltstraße über Anópolis bis zur Arádena-Brücke fahren und die Rundwanderung wie beschrieben dort beginnen.

Die Wanderung beginnt an der Uferpromenade von **Loutró** (s. S. 109). Wir nehmen den Pfad, der rechts neben dem Hotel Daskalogiannis den Berg hinaufführt und sich bald darauf mit dem breiten E4-Pfad vereinigt. Unter uns liegt der Ort **Phönix** (auch *Finix, Finikas, »Palme«*), der nur aus ein paar Häusern, einer Kirche und einigen Palmen besteht.

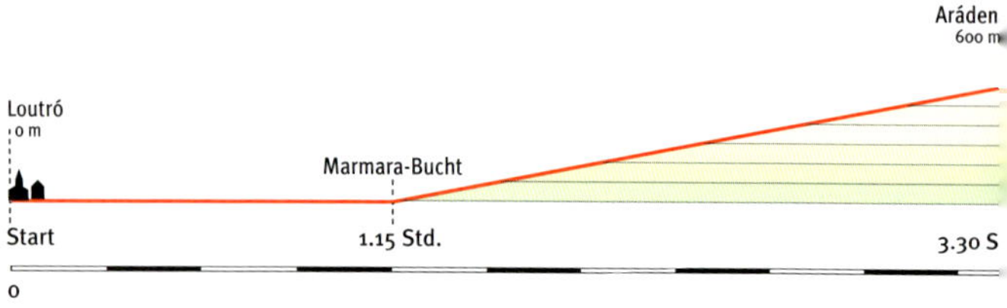

Wir gehen oberhalb der Kirche vorbei und dann auf das Bergdorf Livanianá zu. Wir umrunden ein eingezäuntes Gelände, das sich den Hang eines Hügels hinaufzieht, und steigen, immer den überdeutlichen Markierungen folgend, auf der anderen Seite dieses Hügels hinab zur **Bucht von Lykos.** Bis zur Marmara-Bucht müssen wir jetzt ein kurzes Stück über einen Weg, der eng an den Fels gedrängt ca. 50 m über dem Meer ziemlich luftig entlangführt. Beim Aufstieg zu dieser Felspassage muss man die Hände zu Hilfe nehmen.

Umweg über Livanianá und die Arádena-Schlucht

Schwindelempfindliche, die diese Stelle lieber umgehen wollen, können von hier aus einen großen Bogen über Livanianá schlagen und erreichen so ebenfalls die Arádena-Schlucht. Dieser Umweg dauert allerdings fast 2 Std.

In der **Marmara-Bucht** (1.15 Std.) biegen wir rechts ab in die **Arádena-Schlucht** und bewegen uns auf leicht nachgebenden kleinen Kieseln auf die Mitte zweier Schluchtwände zu, die etwa 200 m hoch aufragen. Im Trockenbett des Schluchtbaches zeichnet sich der Weg gut ab. Die Schluchtwände sind rötlich, der Kalkstein ist hier stark eisenhaltig. Nach 20 Min. werden die Flusskiesel größer. Wir können sie alle bequem umgehen, müssen nur hin und wieder über Geröll steigen. Der Pfad führt durch Keuschlamm- und Oleanderbüsche, die typische Schluchtvegetation. 30 Min. nach Schluchtbeginn passieren wir eine Tränke für Ziegen, die dazugehörige Quelle befindet sich unweit davon.

Dann treffen wir auf die Abzweigung nach Livanianá. Der geschäftstüchtige Wirt der Taverne in Livanianá hat hier, wie an den vielen anderen Abzweigungen ins Dorf, an denen wir vorbeigelaufen sind, ein Hinweisschild angebracht.

Gegen Ende der Schluchtwanderung kommen wir an eine Sperre. Gewaltige Felsen machten die Weiterwanderung im Flussbett früher

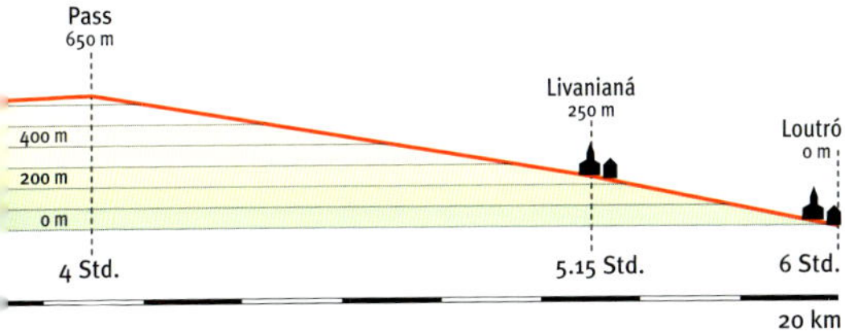

unmöglich. Zunächst hatte man als Steighilfe Seile und Ketten angebracht, dann eine Eisenleiter. Seit 2001 kann man bequem auf einem angelegten Pfad links die Schluchtwand hinauf die problematische Stelle umgehen.

Wieder zurück im Schluchtbett erkennen wir über uns eine Brücke aus Stahlprofilen, die ein Auswanderer aus Ágios Ioánnis 1986 seinem Dorf gestiftet hatte. Der Wohltäter war in die USA ausgewandert und zu Reichtum gekommen. Vor dem Brückenbau mussten die Bewohner von Ágios Ioánnis und auch die Hirten von Anópolis in die Schlucht hinabsteigen. An beiden Schluchthängen sind die alten Maultierwege noch sehr gut erhalten. Sie winden sich in Serpentinen hinab.

Wir gehen unter der Brücke hindurch und nehmen den linken der beiden Maultierwege. Er führt uns steil hinauf ins verlassene Dorf **Arádena** (3.30 Std.).

Oben angelangt, können wir uns auf einer Bank bequem ausruhen und dann durch das verlassene Dorf streifen. Einige Häuser sind renoviert, sie dienen Auswanderern im Sommer als Ferienhäuser. Die dem Erzengel Michael geweihte Dorfkirche von Arádena ist eine Kreuzkuppelkirche aus dem 14. Jh., die auf den Grundmauern einer frühchristlichen Basilika errichtet wurde. Die Sockelpartie der Ostapsis gehört zu diesem frühen Bau. Auf dem Friedhof nebenan stammen viele Gräber aus jüngster Zeit. Viele Emigranten wollten offenbar in heimischer Erde bestattet sein.

Weiter geht es über die Brücke Richtung Anópolis. Nach 300 m Asphaltstraße biegt nach rechts ein Fahrweg ab, ausgeschildert mit »Livanianá 7,5 km«. Auf diesem Erdweg gehen wir weiter bis zum **Pass** (4 Std.), der höchsten Stelle unserer Rundtour. Im Süden erscheinen die beiden »Satelliteninseln« Gávdos und Gavdopoula. Wir umrunden ein Feld und laufen dann auf die Arádena-Schlucht zu. Sobald Livanianá unter uns in Sicht kommt, müssen wir auf eine Pfad-Abzweigung achten. Der alte Verbindungsweg von Livanianá nach Anópolis stellt eine Alternative zur Straße dar. Er führt nach links, steiler als die Straße, den Hang hinunter und kürzt die Straße ab. Bald stoßen wir wieder auf die Straße. Wir müssen hier 100 m bergauf gehen, um die Fortsetzung des Pfades zu finden. Den Markierungen folgend, steigen wir so am Rand der Arádena-Schlucht hinab ins fast verlassene Dorf **Livanianá** (5.15 Std.).

Blaue Punkte führen uns zur florierenden Taverne des Viehzüchters Nikos Kountounakis. Auf der Terrasse können wir uns wunderbar entspannen und die selbst gemachten Produkte der Taverne genießen.

Die weitere Orientierung ist sehr einfach. Die Halbinsel von Loutró ist ja schon längst in Sicht. Mehrere Pfade und Wege führen den Hang hinunter, wir folgen am besten den überdeutlichen Markierungen. Nach insgesamt 6 Std. Gehzeit ist die Hafenpromenade von **Loutró** erreicht.

Typische Schluchtvegetation: Keuschlamm und Oleander

An den Bachläufen von Schluchten trifft man in ganz Griechenland häufig auf den Keuschlamm- und den Oleanderstrauch.

Der **Keuschlamm** *(vitex agnus castus)* liebt feuchte Gründe. Seine Blätter sind handförmig und fingrig, seine filigranen Blüten hellviolett. Er

In hellem Violett erstrahlen die Blüten des Keuschlamms in der Zeit von Juni bis September. Schon in der Antike wurde die Pflanze als Anti-Aphrodisiakum eingesetzt

blüht wie der Oleander von Juni bis September. Die kleine, scharf schmeckende Steinfrucht des Keuschlamm gilt als Pfefferersatz. Den lateinischen Beinamen *agnus castus*, also »keusches Lamm«, trägt die Pflanze, weil der Genuss der Früchte den Geschlechtstrieb abstumpft. Daher wird Keuschlamm auch Mönchspfeffer genannt. Auch den alten Griechen war dieses Anti-Aphrodisiakum wohl bekannt. Laut Pausanias trug Asklepios, der Gott der Heilkunst, in Sparta den Beinamen *»agnitas«*, der Keusche. Sein Kultbild war dort aus dem Holz des Keuschlamms gefertigt. Und an den Feiern zu Ehren der Fruchtbarkeitsgöttin Demeter benutzten Frauen ein Lager aus Vitexzweigen, um ihre Keuschheit zu bewahren.

Das Holz des Keuschlamm ist äußerst zäh. Seine Zweige wurden daher als Fesseln verwendet. Das Kultbild der Hera in ihrem berühmten Tempel auf Samos war mit Vitex gefesselt. Als Prometheus vom Kentauren Chiron von seinen Qualen erlöst worden war, setzte er sich zur Erinnerung an seine Fesselung an einen Berg des Kaukasus einen Vitexkranz aufs Haupt. Zeus hatte den Wohltäter der Menschen dort angeschmiedet, weil er ihm das Feuer gestohlen hatte. In Homers Ilias fesselt Achill die Söhne des trojanischen Königs Priamos mit Keuschlamm-Zweigen. Und in der Odyssee bindet der listenreiche Odysseus in der Höhle des einäugigen Kyklopen Polyphem seine Gefährten damit unter die Bäuche von Schafen, um sie unerkannt aus der Höhle zu bringen.

Oleander *(nerium oleander)* ist ebenso häufig wie Keuschlamm und wächst – wie in Mitteleuropa die Weide – an Bachläufen. Von Mai bis Herbst blüht er, seine Blüten sind weiß, rosa oder rot. Aus der Blüte entwickelt sich eine ca. 10 cm lange Schote mit rotschopfigen Samen. Seine lanzettförmigen Blätter sind hart und gegen Verdunstung dadurch geschützt, dass ihre Spaltöffnung auf der Unterseite besonders tief eingesenkt ist.

Oleander sollte man nicht in den Mund nehmen. Seine Rinde wird pulverisiert als Rattengift benutzt. Auch die Blätter sind giftig. Auf dem Lande verstopft man heute noch Mauselöcher mit Oleanderblättern. Wenn sich die Nager hindurchbeißen wollen, sterben sie.

Tour 27

Im Herzen der Sfakia

Von Anópolis über Loutró nach Chóra Sfakíon

Im Süden der Weißen Berge, 600 m über dem Meer, liegt das weite Plateau der Anópolis-Hochebene mit verstreut liegenden Gehöften. Der Abstieg nach Loutró und die Weiterwanderung entlang der Steilküste nach Chóra Sfakíon zählen zu den reizvollsten Touren Kretas.

DIE WANDERUNG IN KÜRZE

++ Anspruch

4 Std. Gehzeit

10 km Länge

Charakter: Zunächst auf einem gut erhaltenen Kalderimi, dann auf einem schmalen holprigen Küstenpfad, vorbei an einigen Abbrüchen, an denen Schwindelanfällige (leichte) Probleme haben werden. Nach starken Regenfällen können Erdrutsche den Weg erheblich erschweren, eventuell muss man umkehren.

Markierung: Gut markiert, ab Loutró E4-Zeichen

Ausrüstung: Badezeug

Einkehrmöglichkeiten: In Anópolis, Loutró und Chóra Sfakíon Tavernen und Zimmer. Im Winter sind in Loutró alle Geschäfte geschlossen. Am Strand Glyka Nera öffnet im Sommer eine Kantine.

An- und Abfahrt: Mit dem **Auto:** Man lässt sein Fahrzeug auf der Platia von Anópolis stehen und kehrt mit dem Nachmittagsbus, der von Chaniá über Chóra Sfakíon nach Anópolis fährt, zurück (ca. 16 Uhr). Mit dem **Bus:** Anfahrt nach Chóra Sfakíon, mit dem Taxi nach Anópolis. Wer in Loutró übernachtet, beginnt mit dem Küstenpfad fährt dann mit einem Taxi nach Anópolis hinauf oder nimmt um 16 Uhr den Linienbus.

Hinweise: Die Tour lässt sich zu einer Rundwanderung ausweiten, s. S. 120 f.

Ausgangspunkt unser Wanderung ist die Platia von **Anópolis.** In der Mitte des Platzes steht ein Marmordenkmal, das an Ioánnis Daskalogiannis

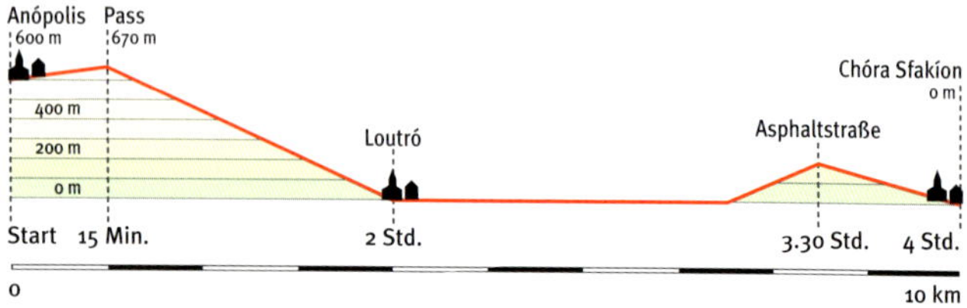

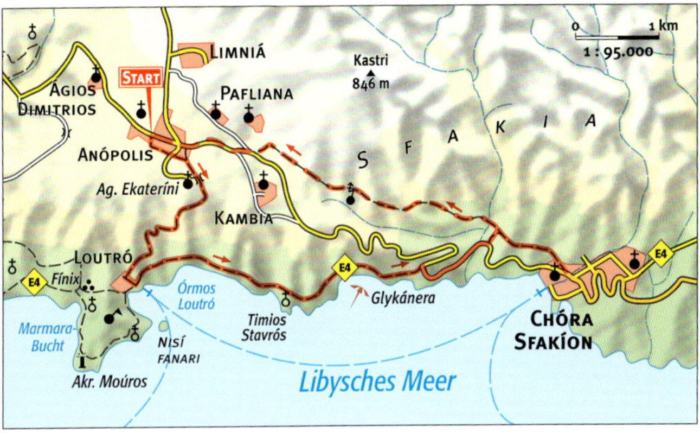

erinnert, der aus Anópolis stammt. Nach diesem wohl berühmtesten Freiheitskämpfer Kretas ist der Flughafen von Chaniá benannt. Daskalogiannis hatte den sfakiotischen Aufstand von 1770/71 geleitet. Während des russisch-türkischen Krieges 1768–1774 hatte Zarin Katherina II. die Gebrüder Orlov nach Griechenland geschickt, um die »orthodoxen Brüder« zum Kampf gegen die türkische Herrschaft zu bewegen. Der Aufstand scheiterte, Daskalogiannis wurde in Iráklio bei lebendigem Leibe öffentlich gehäutet.

Rechts am Kafenion vorbei führt ein schmaler Fahrweg, ausgeschildert mit »Loutró« und »Agía Katerina« in Richtung Meer. Am Ortsende können Wanderer eine Kehre auf einem Pfad den Hang hinauf abkürzen. Wie man auch geht, schon nach 15 Min. steht man an einem **Pass** an der Abbruchkante der Hochebene von Anópolis. Weit schweift der Blick von hier über das Meer, am Horizont erscheinen Gávdos und Gavdopoula. Unter uns liegt Loutró, dessen Häuser sich ausgesprochen malerisch um den Naturhafen schmiegen.

An einem Ikonostasion beginnt der alte Maultierpfad nach Loutró. Unter uns erkennen wir am Hang einen länglichen Stall aus Beton, zu dem von Kambia her ein Wirtschaftsweg führt und dort endet. Ist dieser Wirtschaftsweg erreicht, gehen wir ein Stück rechts, um gleich nach der ersten Spitzkurve wieder auf unseren Maultierpfad zu stoßen, der nun noch steiler direkt nach Loutró führt.

Beim Anstieg achten wir auf die kleine weiße Kapelle Timios Stavrós auf einer Halbinsel zwischen Loutró und Chóra Sfakíon. Dort kommen wir auf dem Küstenpfad später vorbei. Wenig oberhalb der ersten Häuser von **Loutró** (2 Std.) zweigt bei einem Ikonostasion der Küstenpfad Richtung Chóra Sfakíon nach links ab. Nach einer Pause in Loutró kommen wir wieder an diese Stelle, um zur zweiten Etappe unserer Wanderung zu starten.

Auf dem Pfad entlang der Steilküste wird der Weg nun weniger bequem. Es geht über einige Geröllhalden, über Kiesel und Felsbrocken. Wenn Südwind und damit Brandung herrschen, muss man damit rechnen, an den Stellen, die nah am Meer entlang führen, nass zu werden. Nach einer Stunde ist die **Kapelle Timios**

Der alte Verbindungsweg von Anópolis nach Chóra Sfakíon über der Kavros-Schlucht

Stavrós erreicht, Bänke laden zur Rast. Nach weiteren 15 Min. kommen wir an den berühmten **Süßwasserstrand Glykanera.** Unter Betondeckeln befindet sich in Zisternen süßes Wasser, ein typisches Karstphänomen, das uns auch bei Tour 25 an der Ágios-Pávlos-Kapelle begegnet. Im Sommer legen Schiffe an einem provisorischen Kai an, und eine Kantine verkauft Getränke. Nach dem Strand führt der Küstenpfad nun über große Felsbrocken. Dann weitet er sich und windet sich steil hinauf zu einer Spitzkehre der Asphaltstraße, deren Leitplanken man schon von ferne sieht. Dieser letzte Pfadabschnitt ist zum Teil aus dem Felsen gehauen. Ist die Asphaltstraße erreicht, gehen wir auf ihr jetzt noch ca. 30. Minuten nach **Chóra Sfakíon** (4 Std.).

Wer auf dem Weg dorthin noch einen Umweg von ca. 30 Min. auf einem interessanteren Weg machen möchte, geht in die Kavros-Schlucht vor Chóra Sfakíon hinein und auf dem alten Verbindungsweg Anópolis–Chóra Sfakíon weiter. Er führt nach wenigen hundert Metern am Schluchthang hinauf und ist im Folgenden in Gegenrichtung beschrieben.

Wanderung von Chóra Sfakíon nach Anópolis

Wer aus dieser Streckenwanderung eine Rundwanderung machen will, kann von Chóra Sfakíon wieder hinauf nach Anópolis wandern. Man rechne für den 600-Meter-Aufstieg knapp 3 Stunden.

Nördlich der Asphaltstraße führt der alte Verbindungsweg hinauf zur Hochebene von Anópolis. Den Einstieg finden wir, wenn wir auf der Asphaltstraße Chóra Sfakíon verlassen und ca. 70 m nach dem letzten Haus auf einen schmalen Pfad achten, der die Straßenböschung hinaufführt. Man folgt den Markierungen, die dann auch über einen Fahrweg am Hang entlang auf die **Kavros-Schlucht** zuführen (auch Inlingia-Schlucht genannt). Am Rande dieser Schlucht ist ein Stück *Kalderimi* sehr gut erhalten: Rechts ist der Weg aus dem Felsen gehauen, links befindet sich eine Begrenzungsmauer. Wir steigen in die Schlucht hinab und erkennen beim Absteig auf der gegenüberliegenden Seite den Maultierweg, der in Kehren durch ein Seitental die Kavros-Schlucht Richtung Anópolis verlässt. Die weitere Orientierung ist einfach: Wir folgen markierten Pfaden und Feldwegen, die oben in die Asphaltstraße vor Anópolis münden.

Chóra Sfakíon, die Sfakia und die Blutrache

Chóra Sfakíon bedeutet »Hauptort der Sfakioten«. Der Hafenort besteht heute im Wesentlichen aus Tavernen und Pensionen. Wenn die Schiffe mit den Samariá-Schlucht-Wanderern anlegen, ist hier immer viel los.

Wer an der Geschichte des Zweiten Weltkriegs interessiert ist, findet auf dem Weg zum neuen Hafen östlich des Ortes ein Denkmal, das an den Abzug alliierter Truppen nach der verlorenen Schlacht um Kreta Ende Mai 1941 erinnert.

Die stolzen, ihre Unabhängigkeit liebenden Bewohner der Sfakia sind in ganz Griechenland bekannt und berühmt. Denn von der Sfakia aus erfolgten immer wieder Aufstände gegen die Fremdherrschaft der Venezianer, der Türken und schließlich der Deutschen im Zweiten Weltkrieg. Niemals reichte dabei der Arm der Besatzer bis in die schwer zugänglichen Weißen Berge, so dass die Sfakioten zwar bettelarm, aber stolz und frei blieben. Ein griechisches Bonmot besagt: »Das Herz Griechenlands schlägt auf Kreta, das Herz Kretas aber schlägt in der Sfakia.«

In anthropologischer Hinsicht unterscheiden sich die Sfakioten von den anderen Kretern durch noch schwärzere Haare und durch ihre schlanke Gestalt. Sie gehören laut Statistik neben den Schweden zu den am höchsten gewachsenen Europäern!

Bis in die 1950er-Jahre haben die Männer der Sfakia Familienkonflikte als Vendetta ausgetragen. Das Gefühl für die Familienehre ist übermächtig und bis heute nicht erloschen, ebensowenig wie der Glaube, dass Ehre nur mit Blut ›reingewaschen‹ werden kann. Motive für Blutrache sind in der Hauptsache Entführung und Verführung junger Mädchen, nicht eingelöste Eheversprechen, persönliche Kränkungen, seltener hingegen Viehdiebstahl und politische Differenzen. Die Strafe des Gesetzes erscheint den Insulanern dabei weniger wichtig als gesellschaftliche Sanktionen. Ein Bluträcher gilt bei den Seinen oder ihren Sympathisanten als »Adler«, es ist das höchste Lob, das die Männerwelt der kretischen Berge zu vergeben hat. Gerichte billigen ihnen mildernde Umstände zu, die verhängten Strafen werden meist nicht abgesessen.

Die moderne gesellschaftliche Entwicklung wirkt sich indes zunehmend korrigierend auf die bestehenden Verhaltensmuster aus. Touristen und zurückkehrende Gastarbeiter, Fernsehen und Radio tragen die Zivilisation der Industrieländer mit ihren unverbindlicheren Werten und Sitten in die geschlossenen Gesellschaften der Bergregionen Kretas.

Auch heute wird auf Kreta hin und wieder noch scharf geschossen – am liebsten auf Staatseigentum: Unzählige Straßenschilder im Westen der Insel zeugen von Schießwettbewerben und sind entsprechend von Gewehrkugeln durchlöchert.

Die Imbrós-Schlucht

Von Imbrós nach Komitádes

Die gut erreichbare, ausgesprochen schöne Imbrós-Schlucht ist nach der Samariá-Schlucht die zweitbeliebteste Wanderroute Kretas. Bis nach dem Zweiten Weltkrieg führte der Hauptweg von der Askifou-Ebene zur Südküste durch diese Schlucht.

DIE WANDERUNG IN KÜRZE

+ Anspruch

2.30 Std. Gehzeit

6 km Länge

Charakter: Leichte, meist schattige Wanderung auf gut präparierten Wegen, keine Orientierungsschwierigkeiten. Auch nach starken Regenfällen begehbar.

Wasser: Keine Quellen, nur eine Zisterne. Man fülle also seine Wasserflasche besser in Imbrós.

Einkehrmöglichkeiten: In Imbrós und an den Einstiegsmöglichkeiten am südlichen Ortsrand mehrere Tavernen, ebenfalls in Komitádes. Im Sommer verkauft mitten in der Schlucht ein Stand Erfrischungsgetränke.

Anfahrt: Mit dem **PKW:** Frühaufsteher parken ihr Fahrzeug an der Abzweigung der Südküstenstraße (nach Komitádes) und fahren mit dem Ktel-Frühbus nach Imbrós hinauf. Wer sein Fahrzeug oben in Imbrós abstellt, fährt mit dem Taxi zurück oder wandert zur Hauptstraße oder nach Chóra Sfakíon weiter, um einen der Nachmittagsbusse nach Chaniá zu nehmen. Mit dem **Bus:** Ca. 7 Uhr ab Chóra Sfakíon, ca. 14 Uhr ab Chaniá, zurück s. o. Der Südküstenbus der Linie Réthimno–Chóra Sfakíon fährt nur im Sommer. Ab Komitádes nach Chóra Sfakíon: ca. 10.30 Uhr, nach Réthimno ca. 16.15 Uhr. Unbedingt vorher nachfragen.

Hinweise: Am Schluchteingang wird ein geringes Eintrittsgeld erhoben.

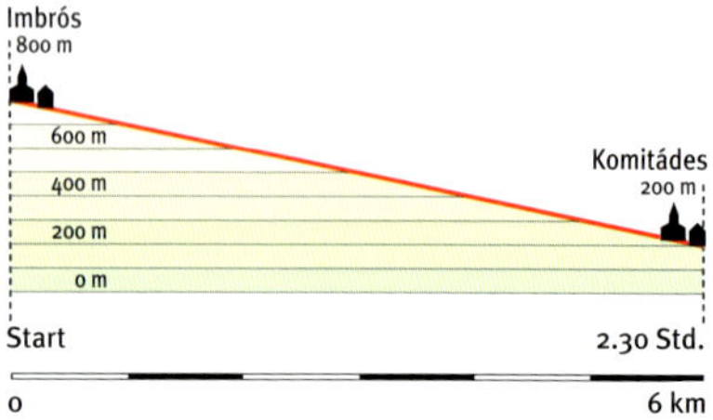

Sowohl von der Platia von **Imbrós** als auch von drei Tavernen am südlichen Ortsrand aus führen Wege ins Tal, das sich nach und nach zur Schlucht verengt. Im Tal vor der Schlucht wächst die Dornige Königskerze, die auf Kreta endemisch ist. Sie besitzt Dornen, die sie gegen den Viehfraß schützen, und ist ab Mai mit vielen kleinen gelben Blüten übersät.

Bis auf zwei Meter rücken an den engsten Stellen der Schlucht die steilen Felswände zusammen. Auch zur heißesten Jahreszeit liegen die tiefsten Teile der Schlucht vollständig im Schatten. Man wundert sich, wie windzerzauste Zypressen, Stein- und Kermeseichen sowie Immergrüner Ahorn in den Spalten des Plattenkalks Halt finden. Hin und wieder hört man Gebimmel von Ziegenglocken. Ansonsten herrscht hier unten völlige Stille, die nur durch Geräusche von Mitwanderen unterbrochen werden kann – wenn die Samariá-Schlucht geschlossen ist, bringen Ausflugsbusse zahlreiche Wandergruppen zur Imbrós-Schlucht. Doch Vorsicht: Wenn Ziegen über einem im Steilhang herumkraxeln, besteht Steinschlaggefahr!

Nach 2 Std. öffnet sich die Schlucht. Wir sehen das blaue Libysche Meer vor uns und müssen jetzt in praller Sonne durch ein steiniges Bachbett laufen. An der Südküstenstraße angekommen, gehen wir nach rechts und erreichen bald darauf die Tavernen des Dorfes **Komitádes** (2.30 Std.)

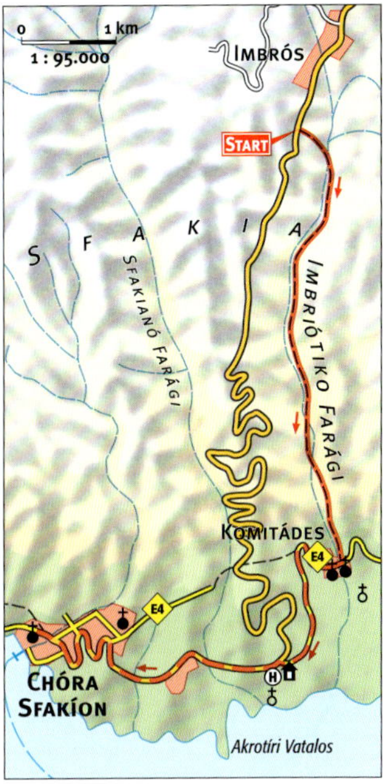

Weiterwanderung nach Chóra Sfakíon (4 km)

Wir folgen in **Komitádes** den E4-Markierungen auf der Straße nach Westen bis zur Hauptstraße Chaniá–Chóra Sfakíon (1 km). Der Bus aus Chaniá kommt gegen 15.45 Uhr vorbei, die Busse, die die Samariá-Wanderer zurückbringen, später. In einer einzeln stehenden Taverne kann man sich die Wartezeit vertreiben. Andernfalls folgen wir der Hauptstraße bergab, bis wir die Einmündung der Sfakiano-Schlucht erreichen. Hier können wir den Asphalt verlassen und einem Weg folgen, der im Westen auf eine weiße Kapelle zuführt. Dort befinden sich die ersten Häuser von **Chóra Sfakíon,** das wir nach einer guten Stunde erreichen.

Tour 29

Nektários- und Kallikrátes-Schlucht

Von Ágios Nektários über Ásfendos und Kallikrátes nach Patsianós
Ein gut erhaltener Weg von der Askifou-Hochebene zur Südküste führt nicht nur durch die Imbrós-, sondern auch durch die Ásfendos-Schlucht. Dieser Weg wird nur von wenigen Wanderern gewählt. Durch die Kallikrátes-Schlucht, durch die wir zurückkehren, führte der alte Verbindungsweg von Asi Gonia und Réthimno zur Südküste.

DIE WANDERUNG IN KÜRZE

+++
Anspruch

7.30 Std.
Gehzeit

950 m
An-/Abstieg

Charakter: 19 km lange, Ausdauer erfordernde Rundwanderung auf gut erhaltenen *Kalderimia*, zwischen Ásfendos und Kallikrátes ein Stück Teerstraße. Gegen Ende schmaler, steiniger Pfad, zum Teil nur als Trittspur, kann auf der Asphaltstraße umgangen werden (+ 3 km).

Markierung: Die Kallikrátes-Schlucht ist Teil des E4-Systems

Einkehrmöglichkeiten: Kafenia und Tavernen in Kallikrátes

Anfahrt: Am besten mit dem **PKW:** Autofahrer, die sich im Sommer den letzten, anstrengenden Teil der Tour zwischen Patsianós und Ágios Nektários nicht zumuten wollen, parken ihr Auto morgens in Patsianós und fahren mit dem Ktel-Bus der Linie Réthimno–Chóra Sfakíon ca. 10 Uhr nach Ágios Nektários.
Mit dem **Bus:** Die Südküsten-Buslinie wird nur im Sommer aufgelegt. Unbedingt vorher nachfragen. Die Busse nach Chóra Sfakíon verlassen Réthimno ca. 8 Uhr und fahren ab Chóra Sfakíon ca. 16 Uhr zurück.

In **Ágios Nektários** am Schluchtausgang bleiben wir auf der westlichen Seite des Trockenbaches und halten auf einen Betonstall zu, der etwa 400 m vom Dorf entfernt oberhalb des Trockenbaches steht. Hier be-

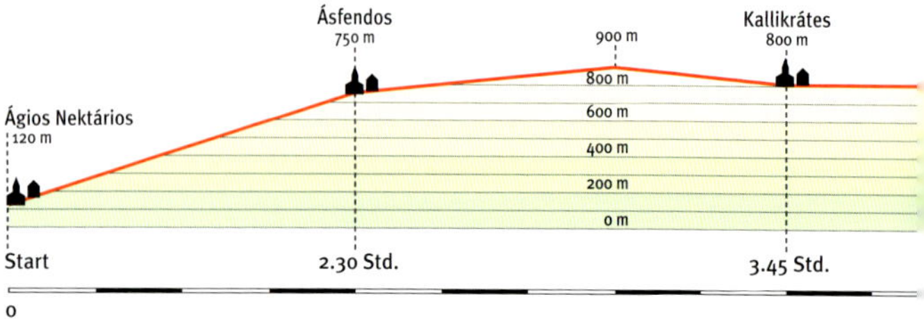

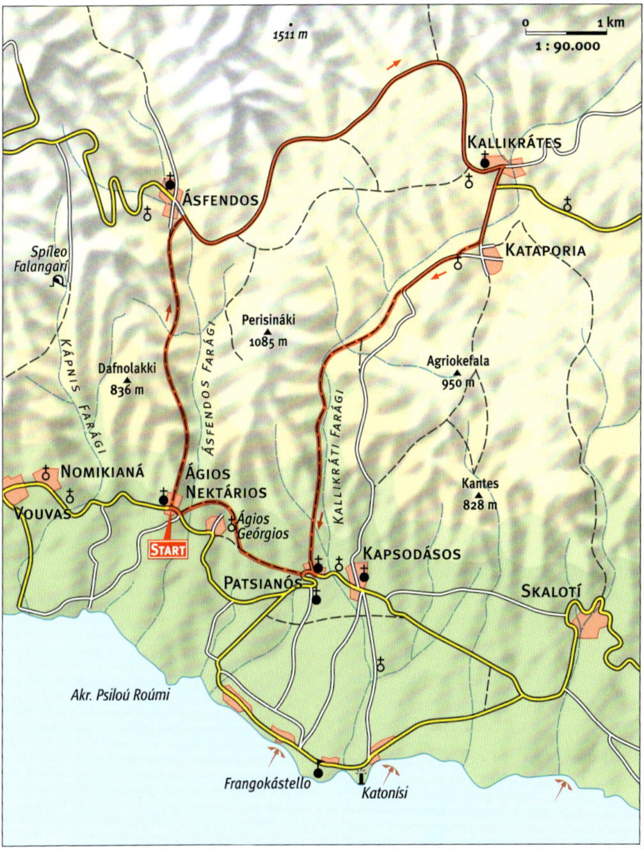

ginnt der nie zu verfehlende, gut erhaltene *Kalderimi* zur »Alp« Ásfendos. Er schlängelt sich sehr schön die Schlucht hinauf und ist gut zu begehen. Ca. 200 m östlich von **Ásfendos** (2.30 Std.) stoßen wir auf die Teerstraße, die nach Kallikrátes führt. Ein Abstecher zum Weiler Ásfendos mit einigen verlassenen Häusern lohnt eher nicht, zumal es

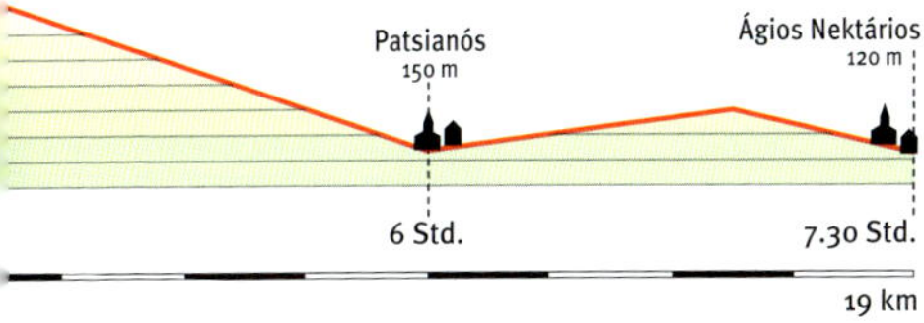

dort kein Kafenion gibt. Wir wandern nun also 5 km auf einer schmalen, kaum befahrenen Straße über einen Pass nach **Kallikrátes** (3.45 Std.). Dieses Dorf wird im Sommer von Hirtenfamilien bewohnt, man trifft sich in einem der drei Kafenia, die für Wanderer auch Essen parat haben.

Ab der Platia von Kallikrátes folgen wir zunächst der Teerstraße weiter nach Osten. Wir passieren die Kirche und eine Quelle. Wo die Teerstraße dann links abbiegt, gehen wir weiter geradeaus auf die Öffnung der Kallikrátes-Schlucht zu, die im Süden gut zu erkennen ist. Jetzt tauchen auch die ersten E4-Schilder auf, die nach Patsianós weisen. Wir überqueren die Hochebene mit Weinfeldern, Eichen und Walnussbäumen auf dem Fahrweg, der zur Südkuste führt. Etwa 30 Min. nach der Platia von Kallikrátes befinden wir uns auf der linken Seite des Trockenbaches, der durch die Schlucht führt.

Jetzt dürfen wir nicht den Beginn des Pfades verfehlen, der nach rechts zum Bach hin abzweigt. (Der Fahrweg führt ebenfalls nach Patsianós.) Steinmännchen und ein E4-Schild markieren diese entscheidende Abzweigung. Wir steigen nun mal auf einem schmalen Pfad, mal auf dem gut erhaltenen *Kalderimi* bergab. Immer wieder eröffnen sich herrliche Ausblicke, gegen Ende auch auf das blaue Libysche Meer. In der Schlucht blüht im Sommer wunderbar der Oleander. Schattige Rastplätze sind selten.

Unten angelangt, verlassen wir das Schluchtbett auf der linken Seite und gehen auf unserem alten Fahrweg weiter bergab, der in großem Bogen vom direkten Wege durch die Schlucht abgewichen ist. Unterhalb des Friedhofs des Nachbarortes Kapsodásos gehen wir dann am Sportplatz vorbei auf einem Maultierpfad über eine Brücke ins Dorf **Patsianós** (6 Std.) (Wer jetzt weiter nach Frangokastello will, geht ins Dorf Kapsodásos und von dort auf einem Feldweg Richtung Meer.)

Wer auf dem Maultierpfad über die Brücke das Dorf Patsianós erreicht hat, geht immer geradeaus durch die verlassenen Häuser. Unser Pfad wird dann zur Dorfstraße, die am anderen Ortsende in einer weiten Linkskehre bergab zur Hauptstraße führt.

Jetzt wollen wir den letzten, anstrengenden Abschnitt der Wanderung angehen, der zudem nicht ganz leicht zu finden ist. In der eben erwähnten Linkskehre zweigt nach rechts ein Erdweg ab, der kurz darauf auf der gegenüberliegenden Hangseite zu zwei hölzernen Strommasten neben einem würfelförmigem Betonschuppen führt. Hier beginnt – sporadisch durch dicke blaue Punkte markiert – ein schmaler Pfad ins verlassene Dorf Ágios Giórgios. Von dort werden wir später auf einem Fahrweg hinunter nach Ágios Nektários gehen.

Jetzt also aufgepasst: Ab den Strommasten gehen wir zunächst ca. 30 m nach links bergab zu einem schmalen Trockenbach, den wir überqueren. Wiederum ca. 30 m danach biegen wir nach rechts steil den Hang hinauf ab und folgen den blauen Markierungen. Nachdem wir 20–30 Min angestiegen sind, erscheint links ein umzäunter Olivenhain. Den blauen Punkten folgend, finden wir einen Durchschlupf im Zaun und gehen nun durch den Olivenhain weiter bergan, die Richtung in etwa beibehaltend. Am anderen Ende des Olivenhaines passieren wir ein Zaungatter und treffen auf den befahrbaren Erdweg, der von Westen her zu diesem Olivenhain führt.

Ramponiertes Hinweisschild auf den Europäischen Wanderweg am Ende der Schlucht

Wir folgen ihm und haben bald schöne, weite Ausblicke auf die Küstenebene und das Meer. Bei einer Rechtsabzweigung gehen wir geradeaus weiter und erblicken unser Ziel, Ágios Nektários, unter uns. Bald endet unser Erdweg und setzt sich als Maultierpfad, vorbei an einer Zisterne mit Schaftränken, nach rechts ins verlassene Dorf Ágios Giórgios fort. Dieses Dorf liegt sehr schön zwischen Olivenbäumen am Hang eines Tals über Ágios Nektários. Wir durchqueren das Geisterdorf und treffen auf der anderen Dorfseite auf den Fahrweg, der in Kurven von Ágios Nektários heraufführt. Nach insgesamt 7.30 Std. Gehzeit ist **Ágios Nektários** erreicht.

Frangokastello

Das mächtige »Kastell der Franken« wurde 1371 von den Venezianern unmittelbar am Meer zum Schutz der Südküste errichtet. Seine Außenmauern und die vier Ecktürme sind noch gut erhalten. Wappenreliefs über dem Portal der Südseite zeigen den Markuslöwen. Frangokastello sollte die Sfakia vor Überfällen islamischer Piraten schützen, diente aber auch für den Kampf gegen die kretischen Widerstandskämpfer. Nach der venezianischen Herrschaft wurde es öfter von Kretern besetzt und im Kampf gegen die türkischen Besetzer benutzt. Während des griechischen Unabhängigkeitskrieges von 1821–29 wehrten sich von hier aus 400 Sfakioten erfolglos gegen eine Übermacht von 8000 Türken. An das Gemetzel erinnert ein Denkmal an der Ostseite des Kastells.

Die Einheimischen erzählen, dass hier alljährlich im Mai und im Juni beim Tauniederschlag am frühen Morgen die Schatten der in jener Schlacht gefallenen Kreter erscheinen. Man nennt diesen Geisterzug *Droussolites* (von gr. *Drosia*, Tau). Die wissenschaftliche Erklärung dafür ist, dass es sich unter den besonderen klimatologischen Bedingungen des Frühsommers um eine Fata Morgana handelt.

Der Ort Frangokastello, der sich um die Festung entwickelt hat und vor allem aus kleinen Ferienhäusern und Pensionen besteht, besitzt einen herrlichen Sandstrand, der sehr sanft abfällt und daher vor allem für Kleinkinder geeignet ist.

Ins Dorf der Quellen

Von Argyroúpoli nach Káto Póros

Diese Rundwanderung führt um das ausgesprochen hübsche, wasserreiche Dorf Argyroúpoli. Es liegt auf einem Hügelplateau auf den Ruinen der antiken Stadt Láppa. Unterhalb des Dorfes sprudelt aus der Höhle der Agía Dynamis eine mächtige Quelle über diverse Bachläufe und Kaskaden ins Tal.

DIE WANDERUNG IN KÜRZE

++
Anspruch

3 Std.
Gehzeit

11 km
Länge

Charakter: Unschwierige Wanderung auf Feldwegen und Pfaden, die relativ viel Schatten bietet und sich auch für den Hochsommer eignet. Der Fußpfad zwischen Pente Parthenes und Kato Poros ist arg zugewuchert. Man schütze sich gegen dornige Zweige. Sollte der Weg undurchdringlich geworden sein, gehe man am besten zurück und nehme die wenig befahrene Teerstraße nach Kato Poros.

Einkehrmöglichkeiten: Urige Taverne in Káto Póros, hübsche Gartenrestaurants an der Quelle von Argyroúpoli

An- und Abfahrt: Am besten mit dem **PKW.** Von der Nordküste auf der E75 bis Abzweig Episkopí. Über Episkopí und Archontiki bis Argyroúpoli. Mit dem **Bus:** Der Dorfbus fährt im üblichen Rhythmus: frühmorgens ab Réthimno und am frühen Nachmittag zurück.

Hinweis: Nach langer Trockenzeit sprudelt die Quelle von Argyroupolis weniger mächtig und stellt sich ggf. nur als Rinnsal dar.

Die Wanderung beginnt unterhalb von **Argyroúpoli** an der Abzweigung zu den Quellen der Agía Dynamis. Hier befindet sich die Schule von Argyroúpoli. Wir gehen auf der Hauptstraße etwa 150 m zurück Richtung Nordküste und nehmen dann das ausgeschilderte Sträßchen nach Ká-

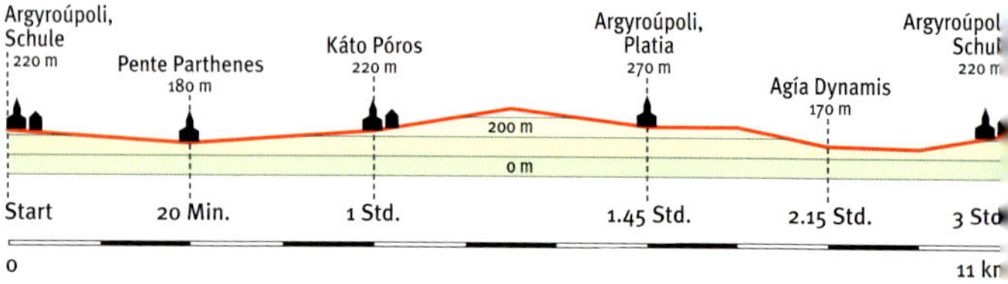

to Póros. Ca. 300 m nach der Abzweigung zweigt nach der ersten Rechtskurve bei einem Heiligenschrein ein alter Pilgerweg mit Natursteinpflaster zur Höhlenkirche der hl. Fünf Jungfrauen nach links im spitzen Winkel zurück ab. Am Hang eines lieblichen Tales entlang geht es weiter sanft bergab.

Bald sieht man links am Hang die ersten einer Reihe von Felskammergräbern, die bezeugen, dass wir uns hier in einer der Nekropolen der antiken Polis Láppa befinden. Dann erreichen wir die Höhlenkirche der Fünf Jungfrauen, **Pente Parthenes,** die hier in der Spätantike als Christinnen den Märtyrertod erlitten hatten. Jenseits der Kirche sind weitere beeindruckend große Felskammergräber in den Felshang gemeißelt.

Hier lädt ein schattiger Platz mit einer riesigen Platane am sprudelnden Bach zur Rast. Wir überqueren den Bachlauf. Es beginnt ein schmaler, an manchen Stellen von Lianen überwachsener Fußpfad, der uns ansteigend um einen Felsrücken herum nach Káto Póros bringt. Man achte im Wald auf Myrtensträucher in beachtlicher Größe. Die Planze war der Liebesgöttin Aphrodite geweiht

Der Pfad erreicht den Ortsrand von **Káto Póros** (1 Std.) und die Asphaltstraße, die wir zu Beginn der Wanderung genommen haben. Wir gehen nach links zur Kirche und zur benachbarten Platia. Jetzt gilt es, das Kafenion von Káto Póros zu finden, das – ungewöhnlich für Griechenland – nicht an der Platia, sondern am südwestlichen Ortsrand liegt. Um es zu finden, müssen Sie vielleicht jemanden nach dem Weg fragen. Vom Kafenion aus gehen wir einige Meter bergan, dann einige Meter rechts, dann nach links entlang einer Stromleitung bis zu einem schmalen Haus, vor dem sich unser Weg gabelt.

Wir stehen am Ortsrand von Káto Póros und nehmen den rechten Weg dieser Gabelung. Er wird bald darauf zum Fußpfad, führt steil den Hang hinauf und stößt nach einigen hundert Metern auf einen Feldweg. (Dieser Feldweg trifft hangabwärts genau an der Stelle auf die Asphaltstraße, an der wir, von der Höhlenkapelle der Pente Parthenes kommend, den Ortsrand von Káto Póros erreicht haben.)

Auf dem Feldweg angelangt, gehen wir nach links bergan. Er führt uns über einen Sattel direkt nach Argyroúpoli.

In **Argyroúpoli** angekommen (1.45 Std.), gehen wir auf der Durchgangsstraße zunächst nach rechts zur Platia. Durch ein Tor geht es von hier aus in die Altstadt, die auf dem Plateau eines Hügels liegt. Ein Rundgang um dieses Plateau führt 200 m nach dem Tor zunächst zu den Ruinen des Palastes eines venezianischen Grundherrn. Auf einem prächtigen Portal steht eingraviert der Lehrspruch: *»Omnia mundi fumus et u(mbra)«*, »Alles Weltliche ist doch nur Rauch und Schatten«.

Auf dem Rundweg zurück zum Tor trifft man dann noch auf ein Fußbodenmosaik einer römischen Therme des 3. Jh.

Wieder auf der Platia, nehmen wir nun den Weg, der vor dem Tor steil in den Ort zu einer zweiten Platia hinunterführt. Wir passieren sie in Gehrichtung und gehen hinter einem kleinen Geländer eine Gasse und dann nach rechts auf einem asphaltiertem Weg zu den **Quellen der Agía Dynamis** hinab. Unter mächtigen Platanen kann man hier sehr schön rasten, mehrere Tavernen stehen zur Auswahl.

Wir überqueren die Asphaltstraße und steigen weiter bergab bis zur Taverne Mylos, die an einem Fahrweg liegt. Diesem Fahrweg folgen wir Richtung Nordküste und halten uns bei einer Gabelung an einer Stifterkirche 200 m später rechts. Wir gehen jetzt oberhalb des Flusses, der die Quellwasser von Argyroúpoli ins Meer trägt. Der Fahrweg wird zum Fußpfad, wir gehen weiter und halten uns immer oberhalb des Flusses. Eine Viertelstunde nach dem Verlassen der Quellen müssen wir aufpassen: Ein Pfad, der zu Beginn gut mit Kalkplatten aus Naturstein ausgelegt ist, führt im spitzen Winkel zurück bergan. Wir verlassen auf diesem Pfad den Fluss und gehen steil bergan zur Straße, alle Abzweigungen, die zu Feldern links und rechts führen, ignorierend. Wenig unterhalb der Straße stoßen wir auf eine T-Kreuzung. Hier müssen wir dem Feldweg zuerst nach links und dann rechts hinauf zur Straße folgen. Von hier aus sind es noch 500 m zum Ausgangspunkt unserer Rundwanderung an der Schule von **Argyroúpoli** (3 Std.).

Wanderer teilen sich den Weg von Argyroúpoli nach Káto Póros mit Schaf- und Ziegenzüchtern und ihren Herden

Zum Palmenstrand an der Lagune

Von Giannioú zum Kloster und zum Strand von Préveli
Die abwechslungsreiche Rundwanderung führt zunächst zum Kloster Préveli, das einsam am Hang der Südküste in einer Felswüste steht. Weiter geht es zum Palmenstrand, eine der bedeutendsten Natursehenswürdigkeiten Kretas und eine hervorragende Badestelle.

DIE WANDERUNG IN KÜRZE

++
Anspruch

3.30 Std.
Gehzeit

14 km
Länge

Charakter: Unschwierige, beliebte Rundwanderung zum Teil auf Feldwegen, im Wesentlichen aber auf sehr schönen Pfaden

Einkehrmöglichkeiten: Kafenion in Giannioú

Anfahrt: Mit dem **PKW**: Statt in Giannioú kann die Wanderung auch am Kloster Préveli, am Parkplatz über dem Strand von Préveli oder an der venezianischen Brücke begonnen werden. **Bus:** Die Ktel-Busse fahren ganzjährig, in der Nebensaison mindestens 2 x tgl., in der Hauptsaison öfter, von Réthimno über Lefkógia nach Plakias. Man muss an der Abzweigung nach Giannioú aussteigen und 2 km ins Dorf gehen. Im Sommer fahren Busse auch direkt zum Kloster, so dass die Wanderung dann auch dort beginnen oder enden kann.

Kloster Préveli: Kloster und Museum sind den ganzen Tag über geöffnet.

Die Wanderung beginnt im kleinen Dorf **Giannioú.** Am Wendeplatz vor dem Dorf kann man sein Fahrzeug parken. Wir gehen durch das Dorf und folgen den Schildern, die uns den Fahrweg nach Préveli zeigen. Er führt in Kehren hinauf auf einen Bergsattel und dann hinunter zum Kloster. Vom Sattel aus hat man einen herrlichen Blick über das blaue Libysche Meer. Nach 40 Min. ist das **Kloster Préveli** erreicht.

Nach dem Besuch des Klosters gehen wir auf der Zufahrtsstraße etwa 800 m bis zu einem niedrigen Sattel zurück. Unter uns taucht jetzt der Parkplatz für die Besucher des Palmenstrandes von Préveli auf. Rechts zweigt auf diesem Sattel ein Fußpfad ab, der uns zu diesem Parkplatz hinunterführt. Wer möchte, kann hier noch 200 m weitergehen, um eine moderne Bronzegruppe zu besuchen, die an den Widerstand der Mönche von Préveli in der Schlacht um Kreta 1941 und während der deutschen Besatzungszeit erinnert. Auch der Bronze-Mönch trägt ein Gewehr, bezeichnend für das Engagement der Kirche im Freiheitskampf. Von hier aus kann man den Parkplatz zu Fuß erreichen.

Vom Parkplatz aus führt ein gut ausgebauter und mit Geländern ge-

Kloster Préveli

sicherter Fußweg hinunter zum lagunenartigen **Strand von Préveli** (1.15 Std.).

In der Regenzeit kann der Fluss so angeschwollen sein, dass man die Furt nicht mehr zu Fuß überqueren kann. Dann muss man bis zum Parkplatz zurückkehren und diesseitig des Flusses auf der Teerstraße zur venezianischen Brücke gehen.

Gehen wir jetzt aber davon aus, dass wir den Fluss barfuß überqueren können: Auf der anderen Seite wird der Strand begrenzt von einem niedrigen Bergrücken. Ein Fußweg führt hinauf. Oben angelangt, gehen wir einige Schritte weiter und achten auf die Abzweigung eines schmalen Trampelpfades, der rot und mit Steinmännchen markiert den steilen Hang hinaufführt und bald darauf nach links zum Schluchtrand hin abbiegt. Man muss hier genauestens auf die Trittspuren achten! Hier oben eröffnen sich schöne Blicke auf den Palmenhain in der Tiefe. Der Fußpfad mündet später in einen Fahrweg, dem wir oberhalb der Schlucht bis zur **venezianischen Brücke** folgen (2.30 Std.).

Für den letzten Abschnitt der Wanderung gehen wir von der venezianischen Brücke aus Richtung Kloster und passieren nach wenigen Metern das **alte Kloster Préveli,** das umzäunt ist und nicht zur Besichtigung freisteht. Das alte Kloster wurde im 17. Jh. erbaut und Anfang des 19. Jh. zerstört. 100 m nach dem alten Kloster zweigt rechts bergan eine Erdstraße ab, der wir genau 1,4 km folgen. Dann nämlich umrundet sie in einer spitzen Rechtskurve ein Tal, in dem im Winter und im Frühjahr ein kleiner Bach fließt. Etwa 300 m nach dieser Rechtskurve zweigt ein Feldweg im spitzen Winkel zurück und bergauf nach links ab. Er führt in die Nähe einer weißen Stifterkirche mit blauem Dach, **Agía Paraskévi**, die etwa 100 m nach der spitzen Rechtskurve auf einem Bergrücken oberhalb des Tales in Sicht kommt.

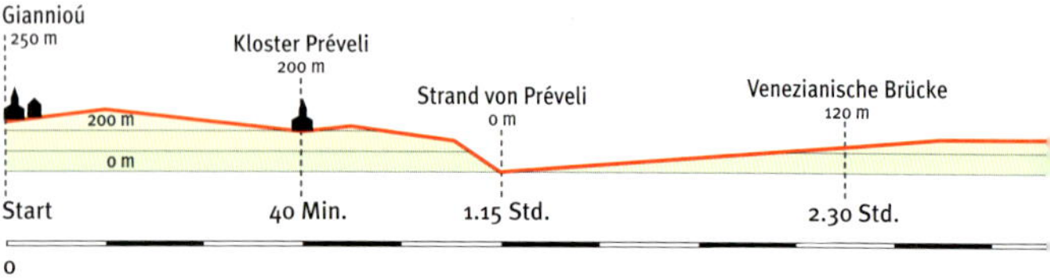

Ist der Bergrücken erklommen, sehen wir Giannioú jenseits eines Tales vor uns. Wir gehen bei einer Wegkreuzung auf dem Bergrücken nicht nach links zur Kirche der Agía Paraskévi, sondern geradeaus hinunter in das Tal vor Giannioú, überqueren einen Bach und steigen ins Dorf hinauf. Im Kafenion von **Giannioú** (3.30 Std.) kann die Wanderung ausklingen.

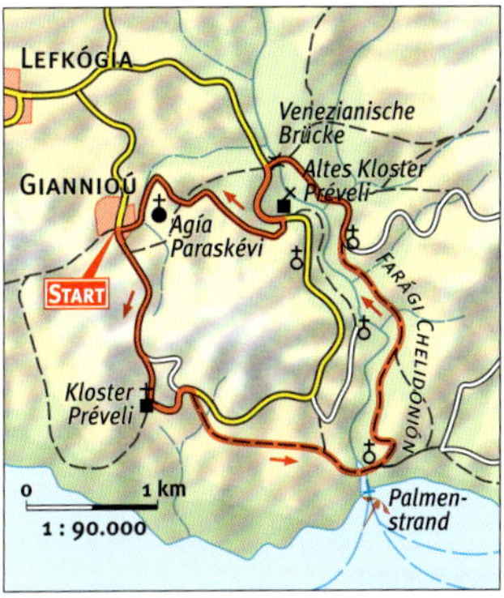

Kloster Préveli

Das Kloster wurde Ende des 17. Jh. errichtet, die Klosterkirche stammt von 1836. Sie besitzt eine prächtige, filigran geschnitzte und vergoldete Ikonostase und verwahrt ein wertvolles goldenes, mit Edelsteinen besetztes Kreuz, in dem sich ein Splitter des Heiligen Kreuzes befinden soll. Der Reliquie schreibt man Hilfe, besonders bei Augenkrankheiten, zu. Ein Klostermuseum zeigt neben kirchlichen Objekten auch einige Waffen und andere Erinnerungsstücke aus dem Widerstand gegen Türken und Deutsche. Am Museumseingang fällt ein Brunnen auf, dessen Inschrift den Betrachter mahnt: »Reinige nicht nur Dein Äußeres, sondern auch Deine Seele – das Wasser fließt reichlich.«

Der Palmenhain von Préveli

Am Strand von Préveli drängen sich Hunderte von Dattelpalmen links und rechts des Schluchtbaches und bieten den Badenden willkommenen Schatten.

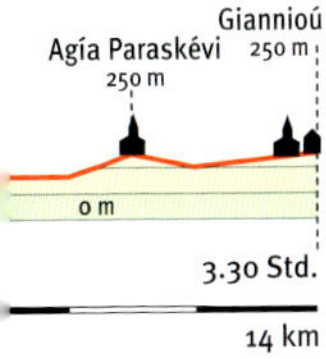

Erst in den 1960er-Jahren ist die Kreta-Dattelpalme als eigene Art erkannt worden. Es handelt sich – neben der westmediterranen Zwergpalme – um die zweite europäische Palmenart. Schon Theophrast (371–287 v. Chr.), der Hauptschüler des Aristoteles, hat sie beschrieben. In seinen botanischen Kompendien, der *historia plantarum* und den *causae plantarum,* ordnet er den Nutzpflanzen zu, gemeinsam mit Weinstock und Kernobst.

Die Kreta-Dattelpalme wächst im Unterschied zur Echten Dattelpalme niedrig und bildet häufig mehrere Stämme aus. So entsteht im Laufe der Zeit ein schwer durchdringliches Palmen-Dickicht. Standort sind warme Südlagen in Strandnähe, wahrscheinlich hat sie so die Kaltzeiten überdauert. Sie ernährt sich von Brackwasser. Ihre Früchte sind nicht gerade schmackhaft, aber einigermaßen süß und durchaus essbar.

Ein weiterer, noch größerer Palmenhain befindet sich im Osten Kretas bei Vaï. Die Kreta-Palme kommt aber auch auf Rhodos und an der türkischen Riviera vor.

Tour 32

Das Tal der Mühlen

Von Xirochorio nach Chromonastíri

Nur wenige Kilometer östlich von Réthimno liegt eine tiefgrüne Schlucht mit zahlreichen Mühlenruinen und zwei verlassenen Dörfern inmitten von Zitrusbäumen, Platanen und Pappeln.

DIE WANDERUNG IN KÜRZE

+ Anspruch

3 Std. Gehzeit

9 km Länge

Charakter: Schattige, trotz des Aufstiegs nach Chromonastíri bequeme Wanderung auf einem beliebten Pfad entlang des Mühlbaches flussaufwärts. Von Chromonastíri geht es im Bogen auf einem Fahrweg abwärts zurück.

Einkehrmöglichkeiten: Kafenion in Xirochorio. Romantische Taverne, die auch Zimmer vermietet, im verlassenen Schluchtdorf Pano Myli (Tel. 28310/75370, Vangelis Driyianak). Mehrere Ausflugstavernen in Chromonastíri

An- und Abfahrt: Xirochorió liegt nur 6 km von Réthimno entfernt und ist mit dem **Taxi** oder dem **Auto** schnell erreicht. Mit dem **Bus**: Eine Strecke kann man mit dem Linienbus fahren, steigt dann aber von Westen her in die Schlucht. Der Bus fährt Mo–Sa frühmorgens und ca. 14.30 Uhr ab Réthimno über Perivolia nach Chromonastíri und gleich danach (ca. 15 Uhr) wieder zurück. Unterwegs gibt es vier Möglichkeiten, in die Schlucht abzusteigen: 1) ganz unten bei Agía Pelagia, 2) in der Mitte oberhalb des verlassenen Schluchtdorfes Kato Myli, 3) oberhalb des verlassenen Schluchtdorfes Pano Myli (Schild) und 4) beim Ikonostasion des Ágios Antónios kurz vor Chromonastíri. Wer die Wanderung in voller Länge gehen will, startet in Agía Pelagia und lässt sich später nach Xirochorió ein Taxi kommen.

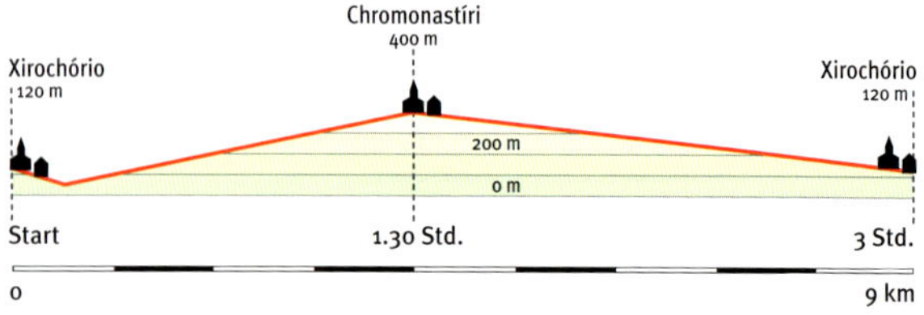

Wir verlassen **Xirochorio** auf einem Fahrweg, der von der Platia aus rechts am Kafenion vorbei das Dorf in westliche Richtung verlässt und ins Tal des Mühlbaches führt, das hier am Ausgang recht weit ist. Im Scheitel der scharfen Rechtskurve zweigt ein Pfad ab, der entlang der rechten (östlichen) Talseite zum Bach führt.

Ab jetzt ist die Orientierung sehr einfach. Wir folgen dem markierten Pfad, der mehrmals den Bach überquert, vorbei an zahlreichen Mühlen, Stifterkirchen und an zwei verlassenen Dörfern, Kato und Pano Myli. Auf der **Pano Myli** gegenüberliegenden Hangseite stehen die Ruinen eines venezianischen Herrenhauses aus dem 16. Jh. Von hier aus kontrollierte ein venezianischer Lehnsherr das Tal. Im Dorf selbst treffen wir auf eine idyllisch gelegenen Terrassentaverne direkt am Weg. Links und rechts des Baches, der ganzjährig Wasser führt, wachsen außergewöhnlich üppig Zitronen-, Orangen- und Feigenbäume, Platanen und Pappeln.

Wir lassen den Weg, der bei Pano Myli hinauf zur Asphaltstraße führt, unbeachtet und setzen unsere Wanderung noch ein paar hundert Meter bachaufwärts fort. Dann erst verlassen wir über Betonstufen die Schlucht und treffen unterhalb von Chromonastíri auf die Asphaltstraße. Achtung: Im Frühjahr 2007 war dieser letzte Abschnitt der Schluchtwanderung durch Gestrüpp versperrt, eine Folge der winterlichen Hochwasser. Eventuell müssen wir umkehren und die Schlucht gegenüber von Pano Myli verlassen. Jetzt gehen wir 250 m nach links bergauf bis zu einer scharfen Linkskurve. Hier zweigt ein Fahrweg nach rechts ab, der bergauf nach Kapedianá führt. Wir folgen diesem Fahrweg

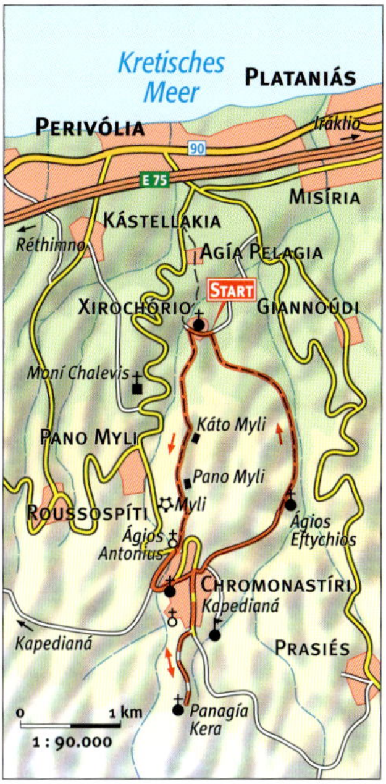

entlang des Schluchtbaches und steigen ca. drei Minuten später bei einer Abzweigung auf einem schmalen Fahrweg links hinunter ins Tal zu einer kleinen Brücke über den Bach.

Die Häuser von **Chromonastíri** liegen links über uns auf einem Hügel. Wir überqueren die Brücke und gehen geradeaus weiter zwischen hohen Hecken auf einem schmalen Pfad, der auch als Bachlauf dient, steil hinauf ins Dorf (1.30 Std.).

Achtung: Im Frühjahr 2007, nach den Winterregenfällen, war dieser Pfad unpassierbar, ein Leser musste umkehren und die normale Zufahrtsstraße nach Chromonastiri benutzen.

Chromonastíri wartet mit vielen venezianischen Häusern auf. Am südlichen Dorfrand überragt ein großes Herrenhaus, die Villa Claudius, Sitz eines venezianischen Grundherrn, das schmucke Dorf.

Abstecher zur Kirche Panagia Kera

Von Chromonastíri kann man einen interessanten Abstecher zur Kirche Panagia Kera aus dem 11. Jh. unternehmen. Wir folgen dem Fahrweg nach Süden, nehmen dann einen Weg, der halbrechts abzweigt und erreichen in 20 Min. die kleine, romantisch gelegene Kirche. Im Innenraum besitzt sie stark verblasste Fresken.

Am unteren, nördlichen Ortsende von Chromonastíri beginnt an der Asphaltstraße der Rückweg. Wir folgen dem Hinweisschild »Ágios Eftychios« auf einem Fahrweg, der nach rechts (nach Osten hin) abzweigt. Nach ca. 2 km ist die Kirche erreicht, zu der wir nach rechts hinabsteigen. **Ágios Eftychios** ist eine der ältesten Kirchen Kretas, sie wurde gleich nach der Rückeroberung Kretas durch die Byzantiner am Ende des 10. Jh. erbaut. Kirchengründer war

der Mönch Johannes o Xenos (»der Fremde«), der zusammen mit Nikon o Metanoeite (der Beiname bedeutet »tut Buße«) nach der arabischen Besetzung (826–961) für die ›zweite‹ Christianisierung Kretas wirkte. Die volkstümlich und antiklassisch gemalten Fresken aus dem 11. Jh. befinden sich in einem beklagenswerten Zustand.

Unser Fahrweg setzt sich bergab fort, bis wir den östlichen Ortsrand von Xirochorió ereichen. Während des Rückwegs nach Xirochorió erkennen wir rechter Hand eine weitere Schlucht. Die Prassino-Schlucht ist ebenfalls lohnend, jedoch nur in der trockenen Jahreszeit passierbar. Die Durchwanderung ist anspruchsvoll, da der Weg über Flusskiesel führt, und dauert ca. 5 Stunden. Der Einstieg befindet sich an der Straße nach Amari, ca. 500 östlich der Abzweigung nach Myrthios.

Haben wir den Asphalt der Stichstraße nach Xirochorió erreicht, halten wir uns links und gehen nach einer Rechtskehre bergauf zur Platia von **Xirochorió** (3 Std.)

Wassermühlen

Einige Wassermühlen bei Pano Myli werden gegenwärtig zu Denkmälern der vorindustriellen Periode Kretas restauriert. Die Mühlen versorgten bis ins 20 Jh. hinein Réthimno und Umgebung mit Mehl. Über einen Kanal wird Wasser vom Gefälle des Mühlbachs abgezweigt, so dass es oberhalb der Mühle in einen Schacht fällt, der sich unten zu einer Düse verjüngt. Durch dieses Druckwassersystem wird ein horizontal liegender Mühlstein angetrieben. Die Mechanik der Mühle war vollständig aus Holz. Zu Beginn des 20. Jh. waren die Mühlen in der Regel im Besitz der türkischen Kreter. Nach ihrer Aussiedlung infolge der Konferenz von Lausanne 1923 fehlte den griechischen Kretern das türkische Know-how. Die letzte Mühle musste 1970 ihren Dienst einstellen.

Faszinierender Ausblick von den Bergen auf die Küste und das Kretische Meer

Tour 33

Schlucht und Höhle des hl. Antónios

Von Patsós durch die Tsirita-Schlucht

Die außerordentlich fruchtbare, dicht mit Platanen und Eichen bewachsene Schlucht hat sehr steile Wände, der Schluchtbach fließt abschnittsweise in einer tiefen, unzugänglichen Klamm. Wegen des Höhlenkirchleins des Ágios Antónios wurde der obere Teil immer schon viel besucht.

DIE WANDERUNG IN KÜRZE

+ Anspruch

2 Std. Gehzeit

7 km Länge

Charakter: Unschwierige Tour auf angelegtem, mit Geländern gesichertem und ausgeschildertem Fußpfad

Einkehrmöglichkeiten: In Patsós gibt es mehrere Kafenia und Restaurants, am Schluchteingang eine Taverne, die im Sommer öffnet, in der Nähe des Schluchtausgangs, an der Straßenabzweigung nach Patsós, weitere Tavernen.

Anfahrt: Mit dem **PKW:** Am besten, man stellt sein Auto an der Abzweigung der Nebenstraße nach Patsós in der Nähe des Schluchtausgangs ab und passt den Dorfbus nach Patsós ab, der Réthimno gegen 14 Uhr verlässt. Mit dem **Bus:** Mit dem Dorfbus anreisen, zurück mit dem Nachmittagsbus, der von Agía Galini bzw. vom Amari-Tal nach Réthimno zurückfährt. Bei der Ktel Chanion-Réthymnis nachfragen.

Die Schluchtdurchwanderung startet in **Patsós,** einem schön gelegenen, wenig besuchten Dorf im Hinterland von Réthimno. Von der Platia mit ihren Restaurants, die zugleich auch als Kafenia fungieren, gehen wir zurück Richtung Osten, am Kulturzentrum und am Sportplatz vorbei bis zum Ortseingang. Hier führt ein betongedeckter Weg steil bergab Richtung Schlucht. Bald kommt der Schluchteingang deutlich in Sicht, links im Tal fließt der Tsirita-Bach, der sich durch die

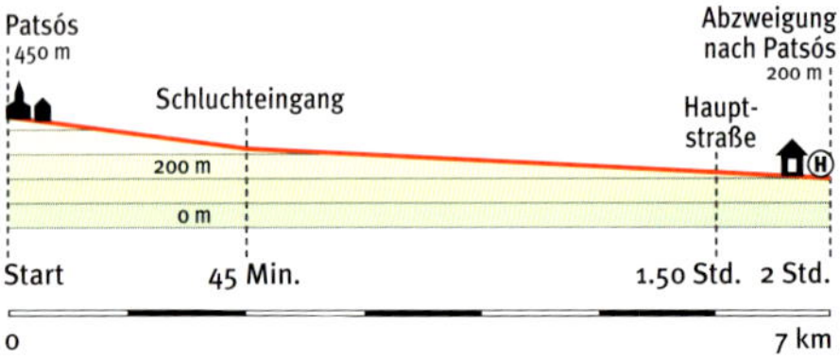

Schlucht seinen Weg zur Nordküste bahnt. Stets bergab gehend, stoßen wir auf einen Fahrweg, dem wir links immer weiter bergab folgen. Wenig später können wir in einer Linkskurve des Fahrweges durch ein Baustahlgewebe-Gatter weiter geradeaus gehen und unsere Richtung auf den Schluchteingang zu vorerst beibehalten. Dieser Weg führt links hinunter zum Tsirita-Bach, überquert ihn durch eine Furt und setzt sich auf der anderen Uferseite fort. Wir treffen so auf die Asphaltstraße, die in weitem Bogen östlich von Patsós ebenfalls zum Schluchteingang führt, und folgen ihr nach rechts. Wenig später ist der **Schluchteingang** (45 Min.) mit einem hölzernen, beschrifteten Eingangstor und einer Info-Tafel daneben erreicht.

Ein angelegter Pfad mit Holzgeländer führt nun zunächst zur **Höhlenkapelle des Ágios Antónios** unweit des Eingangs. Antónios gilt als Urvater der Mönche und wird in der orthodoxen Kirche viel verehrt. In der Antónios-Höhle befanden sich vorher aber auch ein minoisches Höhlenheiligtum und in der Antike ein Hermes-Heiligtum. Wir stehen hier vor einer Kult-Kontinuität, die sich über drei Geschichtsepochen erstreckt. Bezeichnenderweise heißt der Picknickplatz vor der Antónioshöhle »Zur Hermeskappe«. Vor der Höhle hängen ganze Bündel der typisch christlich-orthodoxen Weihgaben: Silberplättchen *(Taximata)* mit eingestanzten Körperteilen, die Dankesgaben zum Beispiel für gelungene Operationen darstellen.

Die Schlucht ist touristisch gut erschlossen. Holzschilder führen – leider nur auf Griechisch – zu einem Aussichtspavillon hoch über der Höhle und zu einer anderen Höhle links über dem Flusslauf, die nach

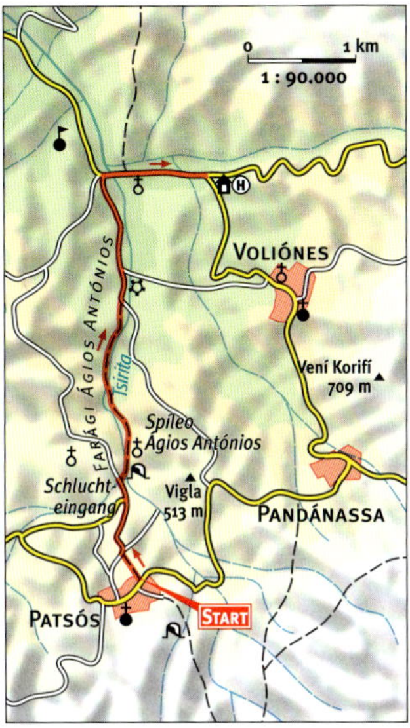

einem »Ungeheuerkopf« (so die wörtliche Übersetzung) benannt ist. Tatsächlich kann man an Ort und Stelle mit Fantasie das Haupt eines Ungeheuers im Kalkstein über der Grotte erkennen. Hier, aber auch auf dem Hauptweg im Schluchttal, zeigen Holzschilder zum Nordausgang: *Boreios exodos.*

Nach einer halben Stunde Schluchtdurchquerung öffnet sich das Tal. Wir gehen auf der linken Bachseite weiter abwärts und kommen an einer alten **Wassermühle** vorbei. Kurz nach der Mühle führt eine Straße über eine alte Brücke zum Dorf Voliónes. Wir aber gehen weiter entlang des Baches und erreichen nach 1 km die **Hauptstraße** (1.50 Std.). Auf dieser gehen wir rechts einen weiteren Kilometer bis zu den Tavernen, der Bushaltestelle und zur Abzweigung nach **Patsós** (2 Std.).

An den Hängen des Kedrosmassivs

Von Áno Méros auf die Tripití-Hochebene und zurück

Die Bergtour auf die Tripití-Hochebene bietet wundervolle Ausblicke auf das liebliche Amari-Tal und auf den höchsten Berg Kretas, den Psiloritis, der bis in den Juni hinein mit Schnee bedeckt ist.

DIE WANDERUNG IN KÜRZE

++ Anspruch

4 Std. Gehzeit

650 m Anstieg

Charakter: Mittelschwere Wanderung vorwiegend auf Feldwegen, aber auch auf einigen Fußpfaden. Der Aufstieg auf die Tripití-Hochebene auf einem Wirtschaftsweg mit vielen Kehren ist im Sommer bei hohen Temperaturen anstrengend und schweißtreibend. Gesamtlänge: 14 km

Variante: Wer sich den Aufstieg zur Tripití-Hochebene ersparen möchte, kehrt nach 4 km vom Sattel auf einem Rundweg bergab nach Áno Méros zurück.

Einkehrmöglichkeiten: In Áno Méros Tavernen

Anfahrt: Am besten mit dem **PKW:** Von der Südküste über Agía Paraskévi, aus dem Norden entweder auf der Hauptstraße über Armeni und Spili oder auf der Nebenstraße über Prassies und Apostoli. Auch mit dem **Bus** gut zu erreichen: Ktel-Busse fahren ab Réthimno 2 x vormittags in den Amari-Bezirk und 2 x nachmittags zurück.

Unsere Bergtour beginnt, wenn man von Réthimno kommt, am Ortsende von **Áno Méros.** Hier fließt in den Monaten der Regenzeit ein Bach den Hang hinunter, den Mietwagen lässt man auf dem Parkplatz gegenüber stehen. Rechts vom Bach führt ein Feldweg bergauf zurück, oberhalb um das Dorf herum. Nach 5 Min. kommen wir oberhalb des Dorfes zu einer Abzweigung bei einem roten **Hydranten.** Der Hauptweg führt im

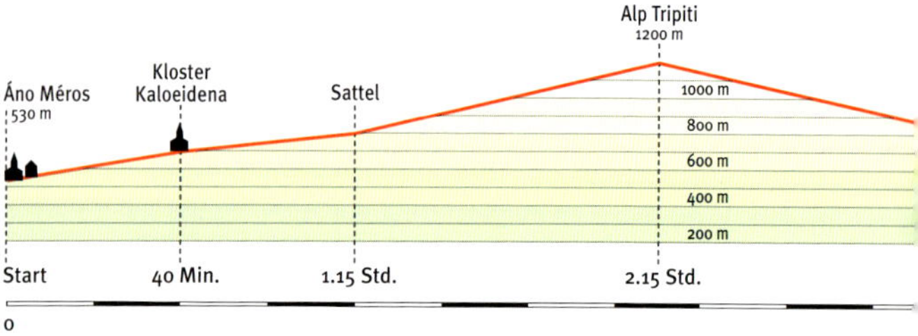

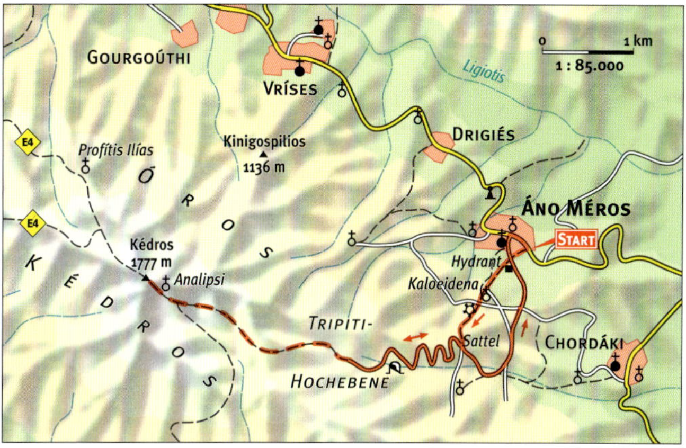

rechten Winkel nach links. An dieser Stelle werden wir auf dem Rückweg eintreffen, dann aber nicht den selben Weg zurückkehren, sondern einen Fußpfad nehmen, der gegenüber vom Hydranten ohne Umweg ins Dorf hinunterführt.

Zunächst gehen wir beim Hydranten weiter geradeaus, verlassen also den Hauptweg. Bald folgen wir bei einer großen Betonzisterne dem Weg rechtwinklig nach links bergauf und erblicken nun auch schon das Kloster rechts über uns am Hang. Neben uns im Tal fließt ein Bach, dem wir einfach nur bergauf folgen müssen, um zum Kloster zu gelangen. Beim Aufstieg achten wir auf die Kammlinie des Kedrosmassivs hoch über uns. An einer Stelle ist sie durch eine Lücke durchbrochen. Es sieht aus, als fehlte dem Berg ein Backenzahn. Hinter dieser Kammlücke befindet sich unser Ziel, die Tripití-Alp.

Die **Kapelle Kaloeidena** (40 Min.) ist der Verklärung Christi geweiht und gehörte einst zu einem Kloster, das die Türken zu Beginn des griechischen Befreiungskampfes 1821 zerstört hatten. Der Name leitet sich von *»eida kai kaloeida«* her, »Ich habe es gesehen, und ich habe es gut gesehen«. Ein Hirte soll dies gesagt haben, als Leute anzweifelten, er habe an dieser Stelle ein Licht gesehen und sei bei Nachforschungen auf eine Ikone der Verklärung Christi gestoßen. Der wasserreiche Bach lässt rund um das Kloster riesige Platanen wachsen. Unter ihnen lädt ein Picknickplatz mit Tischen und Bänken aus Beton zur Rast.

Oberhalb der Kapelle Kaloeidena stoßen wir auf die schmale Teerstraße, auf der auch Autos den Picknickplatz und die Kapelle erreichen können. Wir gehen nun auf der Teerstraße ca. 500 m nach links und achten links unterhalb der Straße auf die Ruinen einer Wassermühle. Hinter einem (meist offenen) Stra-

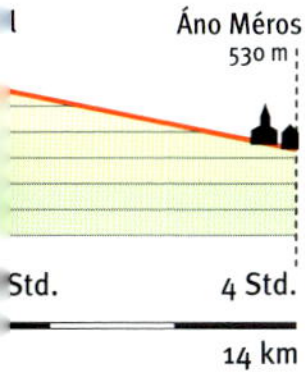

Kapelle Kaloeidena, im Hintergrund erhebt sich das schneebedeckte Ida-Massiv

ßengatter zweigt nun rechts bergauf ein Erdweg ab, der schon nach 30 m in einen stark überwachsenen Pfad übergeht und uns entlang eines Zaunes und durch eine Drahttür entlang eines Weinfeldes führt.

Nach wenigen Minuten treffen wir auf ein Wasserrohr, an dem entlang wir nun auf Trittspuren bergan weitergehen, ohne uns wesentlich von diesem Wasserrohr zu entfernen. Wir stoßen bald auf einen stark überwucherten Feldweg, dem wir in Gehrichtung weiter bergauf folgen, bis ein **Sattel** (1.15 Std.) erreicht ist.

Gleich hinter dem Sattel stoßen wir auf den Fahrweg, der nach rechts bergauf in vielen Serpentinen zur Zahnlücke im Berg und zur **Tripití-Hochebene** (2.15 Std.) führt. Hin und wieder kann man die Kehren dieses Fahrweges auf Fußpfaden abkürzen. Die Hänge des Kedrosmassivs sind sehr steinig und nur mit niedriger Dornbuschvegetation bewachsen.

Zum Gipfel des Kédros-Massivs

Von der Tripití-Hochebene kann man auf sich verfransenden Ziegenpfaden eine anspruchsvolle Bergtour

ohne eindeutigen Weg in 2–3 Std. den Gipfel des **Kédros** erklimmen. Man sollte dann aber Einheimische fragen und sich das Gelände für den Rückweg gut einprägen.

Rückkehr von der Tripití-Hochebene

Wer nicht auf den Gipfel weiterwandern möchte, kehrt auf demselben Weg zum **Sattel** (3.15 Std.) zurück. Dort nehmen wir nicht den Fußweg, den wir heraufgekommen sind, sondern folgen dem Fahrweg bergab auf eine Stifterkirche zu. Nach 200 m, noch vor der Stifterkirche, nehmen wir den Fahrweg, der im spitzen Winkel zurück bergab abbiegt. Wir erreichen so die Teerstraße zum Kloster Kaloeidena, überqueren sie und setzen die Wanderung auf dem Fahrweg fort, der uns durch Weinfelder zum anfangs erwähnten roten **Hydranten** führt. Beim Abstieg haben wir hin und wieder schöne Ausblicke aufs Libysche Meer und auf die Messara-Ebene. Ein alter Fußweg führt vom Hydranten in wenigen Minuten hinunter nach **Áno Méros** (4 Std.).

Tour 35

Liebliche Landschaft am Kloster

Von Arkádi nach Pikrís, Kapsaliana und Amnátos

Mit schönen Blicke aufs Meer und das fruchtbare Hinterland von Réthimno führt uns die Tour durch die Arkádi-Schlucht zum reizvollen Dorf Pikrís. Moderat geht es hinauf zum verlassenen Dorf Kapsaliana mit alter venezianischer Bausubstanz und zur Hauptstraße bei Amnátos.

DIE WANDERUNG IN KÜRZE

\+ Anspruch

2.15 Std. Gehzeit

9 km Länge

Charakter: Leichte Wanderung vorwiegend auf Erdwegen, ein kurzes Stück auch auf einem Fußpfad. Die Orientierung ist einfach.

Einkehrmöglichkeiten: Restaurant beim Kloster Arkádi, Kafenia in Pikrís und Amnátos

Anfahrt: Mit dem **Bus:** Der Linienbus Réthimno–Arkádi fährt 3 x tgl., so dass man die Wanderung gut zwischen zwei Abfahrzeiten vormittags oder nachmittags legen kann. Mit dem **PKW:** Man parkt sein Fahrzeug am besten am Zielort Amnátos und fährt dann mit dem Linienbus weiter zum Ausgangsort Arkádi.

Vom **Kloster Arkádi** gehen wir am Restaurant vorbei auf der Straße nach Eleftherna und orientieren uns an der Stifterkirche auf dem Koreshügel, die wir rechts unterhalb des Hügels passieren werden. Ca. 200 m nach dem Restaurants zweigt links ein Schotterweg ab, der bald darauf zu einem reizvollen Erdweg wird. Er führt uns zunächst sanft bergauf, dann stets bergab bis nach Pikrís. Die Stichstraße, die zur Kirche auf dem Koreshügel führt, lassen wir unbeachtet und ignorieren bis Pikrís auch alle anderen Abzweigungen. Nach knapp 30 Min. hat sich unser Erdweg dem Schluchtrand genähert. Wir folgen ihm in einer Doppelkehre in die Schlucht hinein und erkennen am Schluchthang eine weitere Stif-

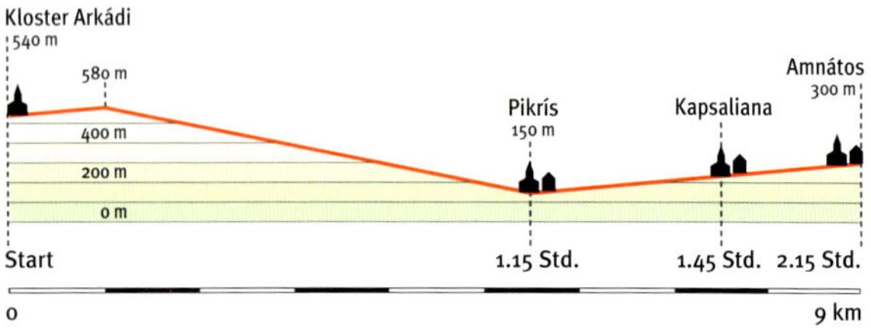

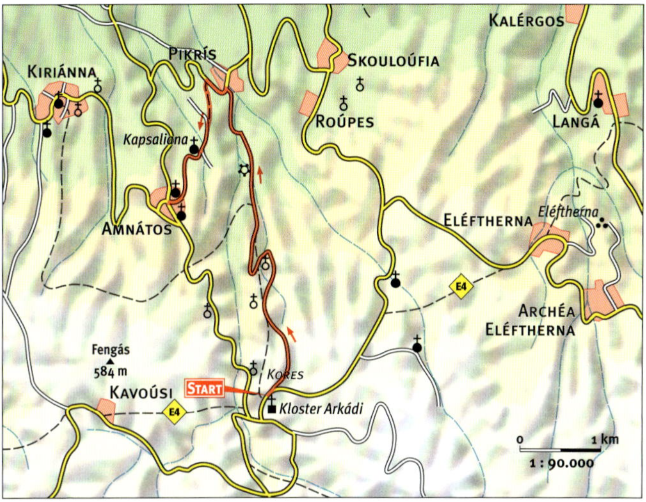

terkirche. Hier befinden sich diverse Wirtschaftsflächen des Klosters Arkádi. Im Jahre 1866 zog hier ein türkisches Heer mit ca. 15000 Soldaten vorbei. Angesichts dieser Übermacht sprengten sich einige Hundert Männer, Frauen und Kinder im Kloster in die Luft und rissen viele der Belagerer mit in den Tod.

Wenig später passieren wir die Ruinen einer Wassermühle für Getreide. Ein Druckkanal setzte über ein Schöpfrad den Oberstein zweier Mahlsteine in Bewegung. Heute sind diese Relikte des vorindustriellen Kreta nirgendwo mehr in Betrieb. Auch im Tal der Mühlen (s. Tour 32) und bei Áno Méros (s. Tour 34) begegnen wir ähnlichen Anlagen.

Die Schlucht weitet sich allmählich zum Tal. Nach einer weiteren Kehre erreichen wir die Talsohle, überqueren den Bach und gehen jetzt auf der linken Seite des Tals weiter bis **Pikrís** (1.15 Std.). Das Dorf liegt unterhalb unseres Feldweges am Bach. Ein Abstieg durch die engen Gassen lohnt unbedingt, zumal das selten besuchte Pikrís mit einem urigen Kafenion aufwartet.

Jetzt heißt es aufpassen, um den richtigen Weg nach Amnátos zu finden. Wir treffen auf die Asphaltstraße Pikrís–Amnátos und folgen ihr links bergauf, bis sie nach wenigen hundert Metern den Rücken eines Bergausläufers überquert. Hier steht rechts, außerhalb des Dorfes, die verlassene Grundschule von Pikrís. Ca. 50 m weiter erkennen wir auf der anderen Straßenseite einen hölzernen Strommast mit zwei Transformatoren. Genau hier zweigt nach links ein Fußpfad Richtung Kapsaliana und Amnátos ab, der zum Teil noch die alte Pflasterung erkennen lässt. Der Pfad wird wenig später zum Erdweg, der nach wenigen hundert Metern auf einen Fahrweg trifft, der von rechts im spitzen Winkel heranführt und dem wir nach links, unsere Richtung beibehaltend, folgen. Bald kommt halbrechts am Hang über uns das Dorf Kapsaliana mit seiner Dorfkirche in Sicht. Bei einer Gabelung ist somit klar, dass wir

die rechte Wegvariante nehmen müssen. **Kapsaliana** (1.45 Std.) mit seiner venezianischen Bausubstanz war bis Anfang der 90er-Jahre so gut wie verlassen und vom Verfall bedroht. Seither haben Investoren viele alte Häuser zu Ferienwohnungen restauriert.

Nach einer kurzen Dorfvisite setzen wir auf unserem Fahrweg den Weg bergan Richtung Amnátos fort und treffen beim Dorf **Amnátos** auf die **Hauptstraße Réthimno–Arkádi** (2.15 Std.)

Arkádi und der Aufstand von 1866

Das Kloster Arkádi ist für den Durchschnittskreter das wichtigste Monument seiner Insel, wichtiger noch als der minoische Palast von Knossos. Im Jahre 1866 sprengten sich hier angesichts einer türkischen Übermacht und ihrer aussichtlosen Lage 964 Menschen in die Luft. So ist Arkádi ein Monument des Widerstandes gegen Fremdherrschaft und ein Symbol der Freiheit geworden, das jedes Jahr am 9. November, dem Tag der Katastrophe, von Kretern der ganzen Insel aufgesucht wird.

Das Kloster mit seiner venezianischen Renaissance-Fassade stammt aus dem 16. und 17. Jh. Nach der Katastrophe von 1866 waren nahezu die gesamte Inneneinrichtung und die Ikonen zerstört, so dass die Kirche heute mit Werken des späten 19. und des frühen 20. Jh. ausgestattet ist. Die aus Olivenholz geschnitzte Ikonostase stammt von 1929.

Zum Massenselbstmord von Arkádi kam es so: Nach dem Befreiungskrieg 1821–29 war Griechen-

Blick auf die Nordküste

land nominell unabhängig, de facto aber unter westeuropäischer Kontrolle. In Kreta war 1840 jedoch die türkische Herrschaft wieder hergestellt worden. Im April 1866 forderten die Kreter vom Sultan in Istanbul in einer Bittschrift mehr Rechte, was der Sultan aber ablehnte. Dies löste die Erhebung aus. Im September landete ein Oberst der griechischen Armee auf Kreta, um die Aufständischen zu beraten. Der Offizier hielt Arkádi als Verteidigungsfeste für ungeeignet. Zunächst, so sein Rat, müssten Veränderungen vorgenommen werden: Frauen und Kinder seien zu evakuieren, die Ställe und die Mühle vor dem Kloster müssten abgerissen werden, um freies Schussfeld zu bekommen, schließlich sollten gar Bienenstöcke aufgestellt werden, damit stichwütige Bienen den Vormarsch der Türken aufhalten könnten. Diese Vorschläge wurden von den kretischen Widerstandskämpfern nicht angenommen, vermutlich hätten sie die Katastrophe auch nicht verhindert. Der Oberst rückte enttäuscht ab.

Zwei Monate später, am 8. November, drangen 15 000 türkische Soldaten auf die Hochebene vor. Im Kloster hatten sich 964 Kreter und Festlandsgriechen verschanzt, ein Drittel unter ihnen junge, wehrfähige Männer, der Rest ältere Männer, Frauen und Kinder. Ein ungleicher Kampf begann. Die ersten Türken waren schon in den Klosterhof eingedrungen, da schoss Konstantin Giamboudakis, einer der Verteidiger, in das auf dem Boden verstreute Schießpulver. Es fing an zu brennen, und die Flamme pflanzte sich rasch zu den Munitionsfässern fort. Eine gewaltige Explosion riss die meisten Verteidiger und viele der türkischen Angreifer in den Tod.

Dieser Massenselbstmord bewegte damals die Weltöffentlichkeit. Philhellenen forderten in den westeuropäischen Ländern ihre Regierungen auf, einzugreifen. Doch Westeuropa hatte nach dem Sieg Preußens über Österreich im Juli 1866 andere Sorgen und wollte sich zu diesem Zeitpunkt nicht mit dem Osmanischen Reich anlegen.

›Freiheit oder Tod‹ – da Freiheit in jener aussichtslosen Lage nicht zu erreichen war, mussten die Aufständischen den Tod wählen. Dabei hätte ein taktischer Rückzug hier viele Menschenleben gerettet. Auch im Verteidigungskrieg ist es für den betroffenen Soldaten nicht »süß und ehrenvoll, für das Vaterland zu sterben«.

Wichtige Buslinien im Westen Kretas

Die beiden zentralen Busstationen in Chaniá und Réthimno verteilen Fahrpläne. Nicht alle Dorflinien sind darin allerdings aufgeführt. Im Zweifelsfall nachfragen.
Ktel Chaniá: Tel. 28210/93257
Ktel Réthimno: Tel. 28310/22212

Von Chaniá nach Kisámos und Réthimno: Auf der Nordküsten-Schnellstraße ca. stündlich

Von Chaniá nach Paleochóra: 3–4 x täglich.

Von Chaniá nach Soúgia: Mo–Sa 13.30 ab Chaniá, zurück ab Soúgia 7 Uhr. Sonntags gibt es eventuell einen Bus, der Ausflügler morgens nach Soúgia bringt und nachmittags zurückfährt. Der Bus passiert den Einstieg in die Agía-Iríni-Schlucht.

Von Chaniá zur Omalós-Ebene und weiter zum Einstieg in die Samariá-Schlucht bei Xilóskalo: im Sommer zwischen ca. 6 und 8 Uhr mehrere Busse mit Anschluss ab/an Réthimno. Auch weitere Busse im Tagesverlauf, zurück bis gegen 15.30 Uhr. Wer die Samariá-Schlucht durchwandert, fährt mit dem Schiff nach Chóra Sfakíon und wird dort mit mehreren Bussen bis gegen 18 Uhr abgeholt.

Von Paleochóra und Soúgia zum Einstieg in die Samariá-Schlucht: Im Sommer fährt ein Frühbus von beiden Orten zur Omalós-Ebene und passiert dabei den Einstieg in die Agía-Iríni-Schlucht.

Von Chaniá nach Chóra Sfakíon und Anópolis: Der Bus fährt tgl. um ca. 14 Uhr nach Chóra Sfakíon und weiter nach Anópolis. Erst am nächsten Morgen geht es ab Anópolis über Chóra Sfakíon um ca. 6 Uhr zurück nach Chaniá.

Von Kastelli nach Elafonissi: nur während der Sommermonate.

Von Kisámos über Topólia nach Paleochóra: Der Bus verlässt Kisámos von Mai bis November um 12 Uhr. Es ist derselbe Bus, der morgens ab Paleochóra zur Samariá-Schlucht fährt.
Von Réthimno nach Arkádi und in den Amari-Bezirk: mehrmals tgl.

Von Réthimno nach Chóra Sfakíon über Frangokastello: nur im Sommer. Der Bus verlässt Réthimno ca. 8 Uhr und erreicht Chóra Sfakíon ca. 11 Uhr. Zurück ab Chóra Sfakíon je nach Jahreszeit 16–17.30 Uhr, an Réthimno ca. 3 Std. später.

Glossar für Wanderer

to akrotíri	Kap
o ásphaltos	Straße
o chomatódromos	befahrbarer Erdweg, Feldweg, Wirtschaftsweg
i chóra	Dorf
o dromos	Straße
i ethnikí odós	die Schnellstraße entlang der Nordküste
to farángi	Schlucht
to kalderími	gepflasterter, breiter Maultierpfad
to katafígio	Schutzhütte
i kiláda	Tal
i korifí	Gipfel
i korifogrammí	Kammlinie einer Bergkette
to leoforío	Bus
o lófos	Hügel
i madáres (plur.)	Weidegründe in den Bergen, auch die Berge selbst
to metóchi	Weiler, Sommerunterkunft
to mitáto	Schäferhütte, Käserei, meist aus Naturstein
to monopáti	Pfad
to neró	Wasser
to oropédio	Hochebene
to óros	Berg (offizielle Bezeichnung, im Volksgriechischen: vounó)
to pantopolío	Lebensmittelgeschäft
i paralía	Strand
to pérasma, diásello	Pass
i pétra, i petres	Stein, Steine
to pigádi	Brunnen
i platía	zentraler Platz eines Dorfes, Ort des Kafenions und in der Regel auch der Bushaltestelle
o potamós	Fluss
to réma	Trockenbach(tal)
to riáki	Bachlauf
i sélla	Sattel
i stási	Bushaltestelle
o stathmós	Busstation
i stérna	Zisterne
to vounó, ta vouná	Berg, Berge
i vrísi	Brunnen, aber auch Wasserhahn
xeropótamos	Trockenbachtal

Wo ist?	**Pu íne**
links	**aristerá**
rechts	**dexiá**

Register

Agía Dynamis 128, 130
Agía Paraskévi 132
Agía Rouméli 76, 104, 107, 109, 111
Agía Sophía 52
Agía Triáda 18, 10, 21, 66, 67
Agía-Iríni-Schlucht 82, 83
Agias Zois 87
Agíi Theódori 86, 87
Ágios Antónios 139
Ágios Athanásios 55
Ágios Eftychios 136, 137
Ágios Geórgios (bei Patsianós) 126
Ágios Geórgios (bei Ánidri) 73
Ágios Geórgios 50
Ágios Geórgios (Pelekanioti kós-Tal) 67a
Ágios Ioánnis Giónis 44, 46, 47
Ágios Ioánnis 111, 113
Ágios Konstantinos 60
Ágios Nektários 124, 127
Ágios Nikólaos 54
Ágios Nikólaos (bei Moní) 84
Ágios Nikólaos (Samariá-Nationalpark) 106
Ágios Pávlos 111, 112
Agrotourismus 30, 31
Akropolis von Polyrrinía 61, 62
Akrotíri 18, 19, 20, 59
Aligí 48
Alíkambos 37
Amnátos 144
Anachoret 22
Ánidri 73, 74, 78, 79
Áno Méros 140, 143
Anópolis 118
Anópolis-Hochebene 103, 110, 112
Antonius von Alexandria 22
Arádena 116
Arádena-Schlucht 110, 115
Arboretum 59
Argyromoúri 34
Argyroúpoli 128, 129, 130
Arkádi 144, 146, 147
Ásfendos 124, 125
Aufstand von Arkádi 146, 147
Azogirés 19, 69, 73, 74

Bärenhöhle 19
Baumheide 51
Bergtee 99
Blutrache 121

Chaniá 20, 21
Chóra Sfakíon 109, 112, 118, 120, 121, 123
Chromonastíri 135

Dafnokorfes 38
Daskalogiannis, Ioannis 118, 119
Dendrit 22
Díktamos-Schlucht 25
Diktamus 26, 27
Doulianá 28, 30
Drápano 28
Drys 49

Eiserne Pforte 106, 107
Elafonísi 63, 65
Epanochóri 82, 83
Erdbeerbaum 51
Eremit 22
Expólis 34

Fischerei 35, 36
Frangokastello 127

Gavalochóri 28, 29, 31, 32, 35
Gávdos 94, 95, 96. 119
Georgeoúpolis 32, 33
Giannioú 131, 133
Gíngilos 89, 98, 102
Glykanera 120
Gramvoúsa 44, 46

Höhle der 99 Väter 69, 71, 72, 74

Imbrós 123
Imbrós-Schlucht 122, 123
Inlingia-Schlucht s. Kavros-Schlucht
Iráklio 90

Kaiki 36
Kálamos 69
Kallérgi-Hütte 100, 101, 102, 103
Kallikrátes 124, 126
Kallikrátes-Schlucht 126
Kaloeidena 141, 143
Kandanos 76
Kap Drapános 28
Kap Flomés 78, 79
Kap Kriós 63
Kap Tripití 93
Kapedianá 135
Kapsaliana 144, 146
Kapsaniana 54
Kapsodásos 126
Karaví 96
Kastelli s. Kisámos
Katholikon 18, 19, 20, 22
Káto Miliá 57, 58
Káto Póros 128, 129
Katochóri 25
Kavros-Schlucht 120
Kédros-Massiv 142, 143
Kefalás 32, 34
Keuschlamm 116, 117
Kisámos 44, 48
Kloster Arkádi 20
Kloster Gouvernétou 18, 20,, 22, 72
Kloster Préveli 133
Klostermuseum Azogirés 75
Komitádes 123
Kontokinígi 66
Kórfos 94, 95, 96
Kournás-See 37, 38, 39, 40
Koustogérako 86, 87, 89, 90, 91, 92
Koutsamatádos 52, 53, 55
Krapis-Ebene 37

Lákki 41
Láppa 128
Latsianá 54
Likotinareá 32, 34
Linoseli-Sattel 97, 98
Lissós 78, 80
Livadás 89, 90
Livanianá 114, 116
Loutró 109, 110, 114, 116, 112, 114, 118, 119
Lykos 110, 115

Maláthiros 51
Marmara-Bucht 110, 115
Mávri 102
Melidaoú 98, 100, 102
Melidóni 26, 27
Meskla 23, 24
Miliá 56, 57, 58, 59
Milónou 49
Mönchtum 22
Moni Tzangarolou 20
Moní 83, 84, 90
Mourí 52, 54
Mourí-Schlucht 55

Nektários 124, 125
Nektários-Schlucht 124, 125, 126

Oleander 116, 117
Omalós 41, 43
Omalós-Hochebene 86, 97, 100

Paleochóra 63, 65, 66, 68, 73, 78
Palmenhain von Préveli 133
Panagia Kera 135, 136
Panigyri 47
Pano Myli 135
Papadiana 42
Park des Friedens 59
Patsianós 126

Patsós 138, 139
Pente Parthenes 128, 129
Phönix (bzw. Finix) 110, 114, 115
Pidaráki 79
Pikrís 144, 145
Polyrrinía 60, 61
Préveli 131, 132, 133
Psári 102
Psiláfi 88

Rodopós 44, 46

Samariá 106
Samariá-Nationalpark 107, 108
Samriá-Schlucht 77, 97, 98, 101, 107, 108
Sásalos 48, 49
Schlacht um Kreta 75, 76, 77
Selliá 34
Sfakia 121
Sfinári 61
Sinenianá 60
Sirikári 60
Soúgia 78, 81, 82, 83, 89, 91, 92, 93
Spaniákos 69, 70
Stylit 22
Stylos 25, 26

Therisso 23
Timios Stavrós 119, 120
Topólia-Schlucht 52
Tripití 95
Tripití-Massiv 142, 143
Tripití-Schlucht 98
Troullos 58
Tsichliana-Schlucht 60
Tsirita-Schlucht 138, 139
Tsourouniana 56, 58

Vamos AE 30
Vámos 28, 29, 31
Vatsianá 96
Vlátos 57, 58, 59
Volakías 99
Voliónes 139
Voulgáro 51
Voutás 66

Wassermühlen 137
Weiße Berge 30, 41, 82, 86, 97, 102, 112, 118

Xilóskalo 89, 97, 101, 104
Xirochorio 134, 135, 137
Xirostérni 32, 34

Zangorolo, Benedico 20
Zangorolo, Geremia 20
Zourva 24

Für Ihre Notizen

Abbildungsnachweis/Impressum

Titelbild: Blick auf das kleine Dörfchen Mourí

Fotografen:
Alle Fotos sind von **Andreas Schneider, Hamburg** außer
S. 10, 16: **Rainer Hackenberg, Köln**

Kartografie: DuMont Reisekartografie, Puchheim

Über den Autor: Andreas Schneider ist promovierter Althistoriker und Archäologe. Er lebt in Hamburg, wo er als Reiseunternehmer tätig ist. Im DuMont Reiseverlag erschienen von ihm außerdem die Reise-Taschenbücher Kreta und Zypern sowie der Kunst-Reiseführer Zypern.

Bitte schreiben Sie uns, wenn sich etwas geändert hat!
Alle in diesem Buch enthaltenen Angaben wurden vom Autor nach bestem Wissen erstellt und von ihm und dem Verlag mit größtmöglicher Sorgfalt überprüft. Gleichwohl sind – wie wir im Sinne des Produkthaftungsrechts betonen müssen – inhaltliche Fehler nicht vollständig auszuschließen. Daher erfolgen die Angaben ohne jegliche Verpflichtung oder Garantie des Verlages oder des Autors. Beide übernehmen keinerlei Verantwortung und Haftung für etwaige inhaltliche Unstimmigkeiten. Wir bitten dafür um Verständnis und werden Korrekturhinweise gerne aufgreifen:

DuMont Reiseverlag, Postfach 3151, 73751 Ostfildern
E-Mail: info@dumontreise.de
Internet: www.dumontreise.de

2., aktualisierte Auflage 2008

Grafisches Konzept: Groschwitz, Hamburg
Druck: Rasch, Bramsche
Buchbinderische Verarbeitung: Bramscher Buchbinder Betriebe